2013

-MEMÓRIAS E RESISTÊNCIAS-

copyright Circuito & Hedra
edição brasileira© Circuito 2018
primeira edição Primeira edição
organização da coleção Acácio Augusto e Renato Rezende
edição Jorge Sallum
coedição Felipe Musetti
assistência editorial Luca Jinkings e Paulo Pompermaier
capa Ronaldo Alves
imagens de capa e miolo Rafael Daguerre
ISBN 978-85-9582-035-7

conselho consultivo Amilcar Parker,
Cecília Coimbra (TNM/RJ e UFF),
Eduardo Sterzi (UNICAMP),
Heliana Conde (UERJ),
Jean Tible (DCP/USP),
João da Mata (SOMA),
Jorge Sallum (Hedra),
Margareth Rago (Unicamp),
Priscila Vieira (UFPR),
Salvador Schavelzon (UNIFESP),
Thiago Rodrigues (UFF)

Grafia atualizada segundo o Acordo Ortográfico da Língua Portuguesa de 1990, em vigor no Brasil desde 2009.

Dados Internacionais de Catalogação na Publicação – CIP

J863 Jourdan, Camila
2013: memórias e resistências / Camila Jourdan. Prefácio de Edson Passetti. – Rio de Janeiro: Circuito, 2018. (Coleção Ataque)
182 p.: Il.

ISBN 978-85-9582-035-7

1. Movimento Político. 2. Sistema Político. 3. Anarquismo. 4. Movimentos Sociais. 5. Controle Social. 6. Resistência ao Governo. 7. Protestos. 8. Jornadas de Junho de 2013. 9. História do Brasil. 10. Ativista Político. I. Título. II. Memórias e resistências. III. Série. IV. Memórias dos combates. V. Memórias. VI. Entrevistas. VII. Análises. VIII. Passetti, Edson.

CDU 329   CDD 320

Catalogação elaborada por Regina Simão Paulino – CRB 6/1154

Direitos reservados em língua
portuguesa somente para o Brasil

EDITORA CIRCUITO LTDA.
Rua Visconde de Inhaúma, 134, grupo 1215 - Centro
20091-007, Rio de Janeiro-RJ, Brasil
Telefone/Fax +55 21 2205 3236
editoracircuito.com.br

Foi feito o depósito legal.

2013
Memórias e resistências

Camila Jourdan

1ª edição

hedra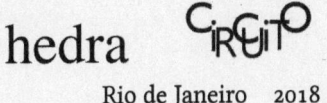

Rio de Janeiro 2018

▷ **2013: memórias e resistências** é fruto dos levantes populares que tomaram as ruas em 2013. Aqui estão compilados memórias, relatos, desabafos, entrevistas, análises e comunicações públicas da professora Camila Jourdan, uma das 23 pessoas processadas quando dos protestos contra a Copa do Mundo. De temática anarquista e insurgente, seus textos se pretendem um registro da história recente do país e um contradiscurso na disputa do que significou e legou 2013.

▷ **Camila Jourdan** é professora do Departamento de Filosofia da UERJ, atuando sobretudo nas áreas de Filosofia da Linguagem, Teoria do Conhecimento, Lógica e Filosofia Contemporânea. Em 2013, participou ativamente dos levantes populares que tomaram o Rio de Janeiro e o Brasil, e, tendo sido eleita pela mídia e pelo Estado como uma das "organizadoras" dos protestos, sofreu perseguições legais incessantes que culminaram na sua condenação à prisão, em julho de 2018.

Sumário

No fogo dos combates, *por Edson Passetti* 9
Comentário à sentença de prisão de 17 de julho de 2018 15
Apresentação.................................. 23

MEMÓRIAS. 27
Minha prisão 29
Contramanifesto aberto pela legitimidade das manifestações
populares 35
Bangu 39
Carta pública das militantes
presas na *Operação 12 julho* 43
Carta pública das militantes presas na *Operação 12 julho* 43
Um chinelo do Estado........................... 47
A batalha da ALERJ.............................. 51
Torturas 55
Impressões parciais do primeiro dia de nosso julgamento 59
O infiltrado na FIP.............................. 65
Não é brincadeira, a UERJ apoia a Mangueira 69
Algumas palavras sobre o ocorrido ontem na UERJ 71
Meu depoimento na Polícia Civil 75

ENTREVISTAS 81

Uma líder fabricada 83
Censura e perseguição política 87
Anarquismo, sistema prisional e crise da representação. 89
Não existe governo de esquerda. 97

ANÁLISES 107

O que houve afinal em 2013?. 109
Juventude periférica e 2013 123
Perseguições políticas e criminalizações: a reação a 2013. 129
Como terminará 2013? 139
O que resta de 2013?. 145
Crise e guerra permanentes 155
Arte e política 173

A COLEÇÃO ATAQUE *irrompe sob efeito de junho de 2013. Esse acontecimento recente da história das lutas sociais no Brasil, a um só tempo, ecoa combates passados e lança novas dimensões para os enfrentamentos presentes. O critério zero da coleção é o choque com os poderes ocorrido durante as jornadas de junho, mas não só. Busca-se captar ao menos uma pequena parte do fluxo de radicalidade (anti)política que escorre pelo planeta a despeito da tristeza cívica ordenada no discurso da esquerda institucionalizada. Um contrafluxo ao que se convencionou chamar de onda conservadora. Os textos reunidos são, nesse sentido, anárquicos, mas não apenas de autores e temas ligados aos anarquismos. Versam sobre batalhas de rua, grupos de enfrentamento das forças policiais, demolição da forma-prisão que ultrapassa os limites da prisão-prédio. Trazem também análises sobre os modos de controle social e sobre o terror do racismo de Estado. Enfim, temas de enfrentamento com escritas que possuem um alvo. O nome da coleção foi tomado de um antigo selo punk de São Paulo que, em 1985, lançou a coletânea Ataque Sonoro. Na capa do disco dois mísseis, um soviético e outro estadunidense, apontam para a cidade de São Paulo, uma metrópole do que ainda se chamava de terceiro mundo. Um anúncio, feito ao estilo audaz dos punks, do que estava em jogo: as forças rivais atuam juntas contra o que não é governado por uma delas. Se a configuração mudou de lá para cá, a lógica e os alvos seguem os mesmos. Diante das mediações e identidades políticas, os textos desta coleção optam pela tática do ataque frontal, conjurando as falsas dicotomias que organizam a estratégia da ordem. Livros curtos para serem levados no bolso, na mochila ou na bolsa, como pedras ou coquetéis molotov. Pensamento-tática que anima o enfrentamento colado à urgência do presente. Ao serem lançados, não se espera desses livros mais do que efeitos de antipoder, como a beleza de exibições pirotécnicas. Não há ordem, programa, receita ou estratégia a serem seguidos. Ao atacar radicalmente a única esperança possível é que se perca o controle e, como isso, dançar com o caos dentro de si. Que as leituras produzam efeitos no seu corpo.*

ACÁCIO AUGUSTO *&* RENATO REZENDE

Prefácio
No fogo dos combates

EDSON PASSETTI[1]

Camila Jourdan, jovem filósofa, vira e revira o acontecimento *2013*. Esteve e está dentro dos eventos. Passou pela prisão, pelo tribunal e vive os fluxos de revoltas. Presença constante na UERJ como professora de filosofia e na FIP (Frente Independente Popular) como militante anarquista — e em parceria com outros jovens iracundos —, permaneceu mãe, mulher apaixonada e contestadora afiada contra as forças repressivas de dentro e de fora do Estado. Tudo isso é situado aos leitores em dimensões que surpreendem mesmo aos bem inteirados, no exaustivo levantamento de matérias e depoimentos encadeados inicialmente para alimentarem as análises inventivas que ela realizou para esse livro tanto de imediato como posteriormente aos eventos.

É salutar e empolgante encerrar a leitura seguindo uma análise de fôlego sobre o acontecimento. É uma franca contribuição aos que lidam com o insuportável, por uma perspectiva ontológica que conjuga filósofos contemporâneos, jornalismo e humanidades, atravessando e demolindo as paredes do conforto das autoridades hierárquicas e dos cidadãos conformistas, dispostos para dentro e para fora da universidade e das ruas.

---

1. Edson Passetti é professor da Pontifícia Universidade Católica de São Paulo, e atualmente coordena o Nu-Sol (Núcleo de Sociabilidade Libertária PUC-SP).

O livro está composto em duas circulações: depoimentos diretos de prisão e vida encarcerada com matérias produzidas de imediato, no fogo dos combates, e acompanhados de análises em tópicos que atiçam as brasas jamais dormidas. Um livro sobre o Rio de Janeiro e o Brasil insurgido, com o fogo de jovens e nem tão jovens que expõem e realizam suas revoltas. *Junho de 2013* é um ponto de inflexão irreversível sobre a história política, econômica, social, cultural e de costumes do Brasil em brasa.

A polícia invade a casa de Camila e rapidamente ela já está na cela branca da Polinter fedendo a merda, mas contando com a atávica solidariedade entre as prisioneiras, que se estabelece com seus cantos, gestos e palavras avessas à ordem. Depois, transferência para Bangu, mais uma das várias prisões de segurança máxima do país, repleta de encarceradas negras obrigadas a se subjugarem: às carcereiras brancas, investidas de sua lógica autoritária, trajadas como paródia de burguesas — e à nuvem de mosquitos atormentando cada final da tarde. Na prisão, somente pássaros e gatos circulam livremente, e sob as ameaças das carcereiras toda prisioneira pode, a qualquer momento, ser destinada para a "tranca" ou para o "buraco".

O movimento sabe que não é inaugural, mas instaurador, e está sincronizado com outras ocorrências violentas sancionadas contra populações pobres, a altos custos de segurança para o Estado; sabe que enfrentam também o execrável exército de reserva de poder composto por miseráveis delatores e infiltrados, recrutados pela polícia e pelo exército entre e contra o povo. O movimento sabe que enfrentará a criminalização dos protestos e que a punição aos 23 e à tática black bloc é simplesmente a confirmação do terrorismo de Estado.

Camila Jourdan, com secura exata nas palavras, informa, situa, analisa, espanta e mostra a clareza do insuportável da revolta, da luta "insurrecionária". Leva-nos à sala do tribunal com seu crucifixo centralizado e a figura do juiz que diz: "Aqui quem manda sou eu, aqui não tem punhos cerrados não, aqui não é a rua." E assim está consagrada, mais uma vez, a chamada isenção e a neutralidade da justiça. E assim, também, prossegue a sessão com base na delação do infiltrado e de uma segunda testemunha que possibilita, às pessoas na sala, estrondosas gargalhadas abrilhantando sua mediocridade. Mas pouco importa qualquer objeção, pois a neutra justiça, de antemão, já sabe o que fazer!

Ao mesmo tempo, outros eventos na cidade do Rio de Janeiro não cessam de escancarar o insuportável da revolta. E novas acusações se avolumam, ante as quais Camila mantém a tranquilidade de quem pratica liberdades e desvencilha-se dos propositais emaranhados sob a forma de ciladas. O militantismo, esta prática que dispensa condutores pelo alto e lideranças por baixo, produz relações horizontalizadas e autogestionárias, fortalecendo cada um, ética e esteticamente. Isto aparece na sua entrevista à *Folha de S. Paulo*, mas também quando, proibida pela justiça de dar uma palestra, Camila posta: "Mais um absurdo sem precedentes. Acabo de ser censurada. O juiz responsável pelo caso indeferiu meu pedido de ir a Dourados-MS, dar uma palestra no IV Encontro de Integração: Dias de História, na UFGD. A justificativa do magistrado é que a atividade de dar palestras não é essencial ao exercício da minha atividade profissional". O juiz é o sujeito que pretende ter a autoridade inquestionável, saber sobre tudo e todos, e a exerce.

Na entrevista ao *Le Monde Diplomatique*, Camila atinge uma incisiva reflexão sobre o estupro, para além de considerações pertinentes sobre as justificativas dos partidos de esquerda contra os efeitos das *jornadas de junho de 2013*. As soldadas conexões eleitorais e a necessidade de criminalização do movimento pelas forças político-partidárias e pelo Estado reaparecem e são ampliadas em questionamento à representação na entrevista ao *Diário do Centro do Mundo*, em 2016. Como anarquista, conclui com a sugestão aos eleitores, nesta democracia do voto obrigatório, com um "não vote".

Esta densa preparação neste segmento do livro convida às análises detalhadas que se seguem, promovendo reflexões acompanhadas de filósofos e pesquisadores de diferentes procedências, e assim realçando a importância da revolta. Camila Jourdan conversa com os anarquistas Proudhon e Bakunin, mas também com Michel Foucault, Gilles Deleuze, Félix Guattari, Maurizio Lazzarato, Eric Alliez, Hannah Arendt, Guy Debord, Francis Depuis--Déri, Albert Camus, Nietzsche e o Comitê Invisível.

Camila Jourdan traça a formosura da *vida como obra de arte*, suas intensidades, resistências, invenções, como uma prática de liberdade que toca com força e leveza a vida, a vida principalmente libertária, a vida dos destemidos e corajosos que escancara as dissimulações inconfessáveis dos condutores do Estado e de suas arrogâncias ao ambicionarem governar cada um na sociedade. Clarifica os meandros das acusações, como os anarquistas (e não só eles) são construídos como inimigos da sociedade e do Estado, e como os libertários permanecem alertas e atiçando por liberdades outras.

A generosidade analítica de Camila Jourdan soma e ao mesmo tempo sinaliza para como jamais esmorecer diante dos justos juramentados. Abre e reabre as conversações sobre as diferenças nas análises entre os iracundos e não dá descanso aos institucionalizados e suas reais fantasias alinhavadas para manter o espetáculo das chamadas desobediências. E que fique definitivamente claro: a desobediência civil, desde Bill Clinton, se transmutou em política da ordem em nome da não-violência, obviamente destinada aos que se acostumaram a obedecer.

Outro certo juiz, em 17 de julho de 2018, condena a 7 anos de prisão os 20 adultos processados, e a 5 anos e 10 meses os outros três que nos eventos de 2013-2014 eram menores de idade. *2013* é um acontecimento que não tem data e hora para acabar.

As personalidades distorcidas e o desrespeito aos poderes constituídos
Comentário à sentença de prisão de 17 de julho de 2018[*]

Às vésperas do lançamento deste livro, saiu a sentença do processo dos 23. Como se poderia esperar, uma condenação dura, inclusive acima do previsto para as acusações em questão. A duração das penas ia de 5 a 13 anos em regime fechado, e o pedido de absolvição de cinco de nós por parte do Ministério Público foi ignorado pelo juiz do caso, Itabaiana. As acusações de "formação de quadrilha" e "corrupção de menores" foram tratadas em bloco, mesmo que a última só tenha surgido na acusação ao final do processo de julgamento e sem direito a ampla defesa por parte dos réus. A arbitrariedade e a ausência de materialidade das acusações não significou nada.

A condenação é justificada em um texto extremamente político, que trata como inaceitável que o então governador do Rio de Janeiro, Sérgio Cabral, que se encontra neste momento preso, tenha sido privado de seu direito de ir e vir pelo movimento "Ocupa Cabral", do qual participaram alguns dos ativistas. Chama a atenção que Sérgio Cabral esteja agora condenado pelas práticas corruptas que o movimento denunciava, pelo que este deveria ser

---

[*]. A sentença de prisão de Camila Jourdan e dos outros militantes processados após 2013, que instigou-a a redigir este balanço, saiu após o término da primeira redação deste livro, o que explica as diversas menções ao processo "inacabado" dos 23 ao longo da edição. [N. do E.]

premiado por sua clarividência, ao invés de condenado. Certo é que, encarcerado, Sérgio Cabral tem agora seu direito de ir e vir totalmente cassado pelo próprio Estado. Como, então, as manifestações que alertavam sobre isso podem ser criminosas?

No mais, também ficaram comprovadas as consequências nefastas que a Copa do Mundo e as Olimpíadas acarretaram no estado do Rio de Janeiro, verdadeiramente saqueado e atualmente em estado de calamidade decretado. E foi contra esses megaeventos que os movimentos políticos em questão se insurgiram. O poder constituído, entretanto, não pode abrir precedentes às manifestações populares. A resposta penal a 2013 precisa ser rígida para que seu legado seja esquecido, ou melhor, para que o povo não ouse jamais se levantar contra as atrocidades que o Estado comete. Precisamente porque o Estado reconhece que 2013 não terminou e nada voltará a ser como antes.

Por isso, precisamos lembrar ainda melhor o que foi 2013: um movimento contra a máfia dos ônibus, cada vez mais evidente e ativa. Nós lutávamos contra o pior e mais caro transporte público do mundo, contra seus aumentos sucessivos e abusivos, contra seus esquemas de corrupção com o poder público, que inclusive já foram descobertos e processados. Aqui, também, parece que nós tínhamos razão. Que também essa luta permanece atual. E, quando hoje somos condenados, ainda é a máfia dos transportes que está sendo defendida.

Mas não é só o que gritávamos. Gritávamos "cadê o Amarildo?", isto é, gritávamos contra o genocídio do povo pobre e negro das favelas, pelo fim da Polícia Militar. Gritávamos, portanto, contra uma política de segurança assassina. E quem poderia dizer que estávamos errados? Ainda hoje poderíamos gritar (e de fato gritamos) por tantos outros: pelos mortos diários na intervenção militar no Rio de Janeiro; pelo acirramento da suposta guerra às drogas, que é, de fato, guerra ao povo favelado. Hoje, quando somos condenados, é também a política mentirosa e genocida de segurança militarizada que está sendo defendida.

Gritávamos por ainda mais. Compusemos a luta pela educação, a tão atual resistência dos professores no Rio de Janeiro. Há menos de um mês os professores da rede municipal foram brutalmente agredidos pela Polícia Militar no centro do Rio, e uma professora levou um tiro de bala de borracha. Em 2013, estávamos compondo a ocupação da greve de professores, uma guerra em curso, por condições de trabalho, contra o fechamento das escolas e a reforma do ensino médio. Nossa resistência foi também contra o espancamento dos professores naqueles protestos, pelo seu direito de lutar. É visível nos dias atuais o que isso ainda significa, e talvez por esse motivo continuem tentando nos calar.

Nós também gritamos contra as remoções, e não cansa lembrar que a aldeia Maracanã teria se tornado um estacionamento de estádio de futebol não fosse 2013 — luta que ainda está em curso, com o espaço da aldeia ocupado. Nós questionamos o sistema capitalista, repudiando o lucro dos banqueiros. Ao lado disso, denunciamos o sistema eleitoral democrático como sendo uma grande fraude, e agora, quando mais uma eleição espetacular forjada se aproxima, talvez a falência desse sistema nunca tenha sido tão evidente.

Não há dúvida de que nos condenar é um golpe numa luta bem atual. Nós não esquecemos, tal como o Estado não esqueceu, simplesmente porque não acabou. A condenação é um ataque em todas essas guerras ainda em curso, mas nossa luta permanece viva, nossas pautas estão resistindo. Não pense que só se tratou da condenação de jovens baderneiros e delinquentes, que não tem relação nenhuma com você. O que se pretende é enterrar 2013, para isso precisam nos condenar. Mas nossa prisão não apaga nossas lutas, e nossa história permanecerá viva.

Foram quase três anos aguardando uma sentença que não vinha, cumprindo medidas restritivas que chegaram a suspender nosso direito de participar de manifestações políticas e que permanecem bloqueando nosso direito de ir e vir para além da comarca durante o tempo de recurso. A sentença ocorre em um momento completamente significativo: pós-Copa do Mundo de 2018 e antes do processo eleitoral — ou seja, exatamente o mesmo contexto no qual fomos inicialmente presos e processados. Durante todo esse tempo, nossas vidas foram totalmente expostas, nossas atividades profissionais foram atrapalhadas ou suspensas, nossas vidas pessoais foram viradas de cabeça para baixo. Mas isso não basta ao Estado. A sentença requenta aspectos da criminologia fundada na construção de um sujeito criminoso, já que nossas penas são qualificadas com afirmações como "possuir uma personalidade distorcida" e "voltada ao desrespeito aos poderes constituídos". É a figura, cunhada no final do século XIX, do anarquista como um delinquente social com traços psicopatas. Agora a mídia ainda repete mentiras a nosso respeito, como a suposição, jamais justificada por qualquer evidência razoável, de que pretendíamos explodir o Maracanã na final da Copa do Mundo de 2014. Afirmação que só não consegue ser mais patética do que a alusão a Bakunin como um suspeito no inquérito que levou à nossa prisão.

Falamos muito em Estado de exceção, mas deixamos de ressaltar o que ele significa, quando se trata precisamente disso: a ausência de separação evidente entre o âmbito jurídico e a política, a fabricação de crises como estados de emergência permanentes que rompem com a distinção entre poderes, permitindo totalitarismos evidentes no cerne das sociedades pretensamente democráticas. O seu alvo fundamental é qualquer potencial insurgência.

Nesse sentido, 2013 é ainda o grande alvo do "Estado de exceção" no qual estamos inseridos, e por isso tal sentença absurda não pode ser outra coisa senão sua confirmação. Adicionalmente, a única resposta possível ao Estado de exceção pertence ao âmbito da resistência. Esta publicação não pertence fundamentalmente à nossa defesa jurídica, mas essas fronteiras já foram borradas há tempo e, por isso, a defesa política de 2013 e das suas práticas passa pelo *front* discursivo e compreende, acima de tudo, a luta social agora em curso. A liberdade precisa ser conquistada permanentemente.

No domínio especializado da erudição, tanto como no saber desqualificado das pessoas jazia a memória dos combates, aquela, precisamente, que até então tinha sido mantida sob tutela. E assim se delineou o que se poderia chamar uma genealogia, ou, antes, assim se delinearam pesquisas genealógicas múltiplas, a um só tempo redescoberta exata das lutas e memória bruta dos combates; e essas genealogias, como acoplamentos desse saber erudito e desse saber das pessoas, só foram possíveis, e inclusive só puderam ser tentadas, com uma condição: que fosse revogada a tirania dos discursos englobantes, com suas hierarquias e com todos os privilégios das vanguardas teóricas.

MICHEL FOUCAULT, Aula de 7 de janeiro de 1976[1]

---

1. FOUCAULT, Michel. *Em defesa da sociedade: curso no Collége de France (1975-1976)*. Trad. Maria Ermantina Galvão. São Paulo: Martins Fontes, 1999.

Apresentação

Esse volume reúne memórias, relatos, desabafos, entrevistas, análises e comunicações públicas direta ou indiretamente relacionadas aos eventos políticos de 2013 e à decorrente perseguição política que sofri. São textos escritos entre 2014 e 2017 e organizados aqui da melhor forma que me foi possível, de modo não linear, mas nem por isso arbitrário. Têm em comum a temática anarquista, a insurgência discursiva e o registro histórico de um dos momentos mais relevantes de nossa história recente. Ao mesmo tempo é pessoal e geral; prático e teórico; sintético e analítico; uno e múltiplo. Não é exaustivo e não se pretende último, mas é um recorte coerente das potencialidades dos últimos acontecimentos que marcaram nossa política e nossas vidas.

Por que escrever e publicar, cinco anos depois, sobre 2013 e seus consequentes processos políticos? É preciso compreender o que significou 2013, é preciso entender o que estava em jogo naquele momento, pois é algo que diz muito sobre o que ainda está em jogo. Há uma disputa discursiva em andamento sobre seu real significado, e muito do que vivemos hoje está sob o efeito das inquietações e possibilidades abertas pelo inesperado levante popular que tomou o Brasil na época. O processo dos 23 permanece sem sentença, as perseguições políticas continuam em andamento, e a crise da representação nunca esteve tão forte. É preciso responder adequadamente ao que 2013 nos trouxe, e nada melhor do que 2018 — ano em que a disputa eleitoral requenta espetacularmente as reações a 2013 — para retomarmos, através daqueles que viveram intensamente os acontecimentos, a mensagem que 2013 nos legou.

É uma publicação que se insere, portanto, no âmbito da disputa de discursos sobre o que houve em 2013. E é fundamental ressaltar a importância de contarmos nossa própria história. O que se justifica não apenas como atitude teórica, acadêmica, ou pelo compromisso com o que será ensinado às gerações seguintes sobre aquilo que vivemos, mas, principalmente, pelos efeitos práticos dessa disputa ideológica. Pois o que 2013 fez foi apontar para uma outra realidade possível, mostrar que, de fato, podemos tomar e parar a cidade. Aprendemos a resistir, aprendemos a não apanharmos calados, fizemos o Estado e seus agentes recuarem. Isso é extremamente forte, sobretudo em uma sociedade que jamais viveu uma revolução popular. O governo do Estado teve que sentar em roda no chão da aldeia Maracanã para negociar com indígenas, punks e militantes anarquistas. Vimos o 1% que controla os meios de produção e os aparelhos ideológicos do Estado tremer de medo das ruas tomadas, obrigamos as emissoras de TV a mudarem seus discursos e sua programação. Essa possibilidade de uma outra realidade não pode ser apagada de nossas mentes e corações.

Trata-se, portanto, de disputar o legado de 2013, pois seu significado para as próximas gerações não é algo certo. E o aprendizado para as próximas lutas, bem como para o crescimento político geral da nossa sociedade, é algo que nos cabe conquistar. Não podemos deixar que contem nossa história por nós, que digam que as ruas foram tomadas pela direita autoritária e pela classe média alienada para enfraquecer um suposto governo de esquerda; que depois as ruas esvaziaram espontaneamente, sem nenhuma repressão ou perseguição política; que as ações diretas contra símbolos do capitalismo eram pagas por entidades partidárias (ou fundações internacionais) e realizadas por uma minoria infiltrada nos atos; que a recusa às representações partidárias tradicionais era um elemento fascista; ou que a única pessoa a morrer no contexto das manifestações foi o jornalista Santiago Ilídio Andrade, da *Rede Bandeirantes de Televisão*.

É importante lembrar e resgatar o que 2013 tinha de inegociável, invendável, a fenda que abriu no sistema apontando para um outro modo de vida, pois é isso que ele tem de poderoso. Não podemos deixar que transformem nossa história em mais um produto, ou em um espetáculo mal acabado de nós mesmos. Esta não é uma tarefa fácil, pois não detemos os aparelhos ideológicos do Estado, somos as vozes marginais, somos o contradiscurso e seguimos insurrectos.

Agradeço a Acácio Augusto pela leitura atenta e sugestões; a Fernanda Vieira pelo trabalho e paciência e, especialmente, a Jose Freitas, Duda Castro, Elisa Quadros e Rebeca de Souza, que me permitiram compartilhar uma parte de nossa história.

Este livro é dedicado aos filhos de 2013 e a todas as pessoas que não se calam diante do intolerável.

MEMÓRIAS

Minha prisão
Véspera da final da Copa do Mundo
12 de junho de 2014

Você sabe o tempo todo que pode acontecer, mas não acredita quando ocorre. Um belo dia os agentes armados do Estado invadem a sua casa. Eram seis horas da manhã e minha porta foi derrubada pela Polícia Civil, pela CORE, dois homens e uma mulher fortemente armados. Eu estava dormindo, sem roupa. Meu companheiro tentou segurar a porta do quarto para que eu me vestisse. Ele foi algemado.

"Eu não estou resistindo."

Mas eu queria resistir...

Finalmente vestida, minha prisão é declarada.

Meus gatos fogem, eles podem fugir. Eles queriam meu celular, eu só fazia questão dos gatos. Não entendia direito que já tinha perdido ambos.

Me mostraram o mandado de prisão temporária, mas eu ainda não tinha entendido como aquilo podia ser. Eles não tinham nada contra mim.

"Vocês não podem me levar assim, por nada, fascistas!"

"Melhor você ficar calma."

Disseram que eu podia ser perigosa e por isso permaneciam me apontando armas. Eles acreditam no Estado que servem. No banheiro, tento acessar meu celular escondido, para avisar alguém que estou sendo presa.

"Abre esta porta, senão vamos derrubar."

Nervosa, não consigo enviar a mensagem. Outra porta arrombada. O policial entra no banheiro e joga longe meu celular com uma porrada.

"Está vendo como você é perigosa?"

Eu ainda queria os gatos... Nenhum vizinho aparecia. Era preciso fechar a porta da minha casa, mas ela havia sido derrubada. Até hoje ainda me pergunto: "por que simplesmente não saímos?"

Mas nesse momento a policial abre a porta do meu escritório e começa a revista...

"Liga para o DP e pede outro mandado, pede apreensão."

Encontram algo, gasolina. Tomam gosto pela coisa, tudo começa a ser revirado.

Não posso mais simplesmente sair, não posso dizer que eles não têm permissão para mexer nas minhas coisas, não tenho mais coisas minhas.

Algo é encontrado. Eles comemoram: "é uma bomba!"

"Esta bomba é sua?"

"Você que está dizendo que é uma bomba."

"É sua?"

Silêncio.

Não importa mais.

"Vamos levar os escudos?"

"Não, isto é muito pesado, e eles têm direito a se defender."

Ufa, ainda temos direitos, incrível.

A policial ainda vai para o meu quarto, mas já estava bom. "Chega, não tem nada aqui". Eles tinham o suficiente para tentar me encarcerar por cinco anos e eu nem sabia disso. Seguimos para a cidade da polícia.

Toda a operação não durou nem trinta minutos e desconstruiu minha vida inteira, eu nunca mais seria a mesma.

Em poucos minutos eu não era mais nada, não tinha mais direito à minha casa, nem à minha filha, nem ao meu emprego, nem acesso a qualquer meio de comunicação. Estava presa, e isso passou a ser repetido exaustivamente pelos policiais na minha cabeça, como para me convencer da minha nova situação.

Mas será que era nova? Pois, se eu fosse livre, poderia ter passado tão facilmente de um estado ao outro? Como eu havia tão rapidamente deixado de ser uma pessoa com direitos e havia me tornado um objeto de propriedade do Estado? Não se passa de livre para não-livre tão facilmente, por mandado. Livre e não-livre não são modos de um mesmo Ser. Quais condições já estavam dadas para que aquele ato de fala pudesse ser bem sucedido?

A minha liberdade, eu descobriria, não poderia ser tirada pelo encarceramento. E decretar minha prisão apenas tornou explícito como eu já era, assim como todos mais nessa sociedade, em grande medida uma prisioneira.

Entender isso, o quanto nossa liberdade é falsa e, ao mesmo tempo, como há outra noção de liberdade que resiste e que não nos pode ser arrancada, é talvez a maior vingança de todo prisioneiro contra aquele que o prende. Prender alguém é dar-lhe a possibilidade de descobrir essa verdade. E a verdade liberta. Doce dialética que coloca no aprisionamento a condição da libertação.

Mas naquele momento eu não conseguia pensar em nada disso. Fomos colocados em solitárias, mínimas, acho que três metros por dois, todas brancas. A impressão é de estar sendo enterrado vivo: a porta não tem grades, apenas uma pequena janelinha dá para o exterior, o que se vê é uma pequena fresta distante. Mas você pode ser visto lá dentro, facilmente, por qualquer um que passe pelo corredor. Há apenas uma fossa no chão para as necessidades. Ela é estrategicamente localizada em frente à pequena janelinha na porta que dá para o corredor, a uma distância que não é possível para quem usa a fossa saber se é ou não observado enquanto faz suas necessidades, dando a impressão de se estar o tempo todo exposto naquela posição. Por alguns instantes penso no princípio da vigilância, e no efeito esperado em poder observar alguém sem ser observado. Naquele momento Foucault e suas análises das tecnologias prisionais me pareceram particularmente corretas. Hoje, após passar por alguns procedimentos jurídicos e médicos adicionais, percebo que os poderes médico e judiciário têm se apropriado de um modo mais ostensivo dessas tecnologias do que o próprio cárcere em sua simplicidade branca. Pelo menos a cela era limpa. Na verdade, a Polinter havia sido reformada recentemente para receber prisioneiros da classe média, corruptos e ativistas. Acima da fossa havia um cano pelo qual descia água, ou melhor, deveria descer se você solicitasse ao carcereiro. Seria a única água disponível para beber, tomar banho e dar descarga. Em breve eu descobriria que, acionada a descarga, a cela inteira era alagada, de tal modo que era melhor conviver com o cheiro de suas próprias fezes do que solicitar ao carcereiro para se livrar delas com a água que descia do teto. Não deixa de ser digna de nota a função que o Estado assume finalmente em nossas vidas: levar nossa merda. Na prisão, não se pode cagar sem ter que pedir ao agente do Estado para dar descarga, tal como pedem as crianças para os pais até certa idade. "Acabei, Estado, pode levar". Mas o Estado não leva, ele é incompetente em se livrar da merda.

Até aquele momento não nos haviam deixado falar com nossos advogados. Isso só foi permitido depois que a operação *Firewall* terminou, para evitar que outros possíveis presos fossem avisados. Quando finalmente nos chamaram para depor, agiram como se já soubessem que não falaríamos nada. "Só vai falar em juízo, né?" Eu via a quantidade de companheiros que estavam lá na mesma situação, parecia que todos os militantes da cidade haviam sido presos. Finalmente tive direito a um telefonema. Os advogados ainda estavam a caminho. Não podíamos esperá-los ali, tínhamos que voltar para a cela. Me deixaram ligar também para minha mãe, que estava com minha filha.

"Camila, a polícia esteve aqui, reviraram tudo."

"Mãe, eu estou presa."

Nada mais é dito. Só depois soube que ela recebeu visita policial antes de mim e que foi ameaçada para que não me avisasse por telefone que estavam indo me prender.

Aquela foi a pior noite de todas, pois passamos na solitária da Polinter. Parece desnecessário dizer que foi algo totalmente arbitrário, aquela cela não é para se permanecer por mais de algumas horas. Além disso, não existem carcereiras mulheres na Polinter. Mas, para toda uma operação arbitrária, esse é um detalhe sem importância.

Mais pessoas presas chegavam, ainda não sabíamos quantos eram no total. Na minha solitária foram colocadas Rebeca Souza e Moa. Uma felicidade sem nome encontrá-las. Horrível é ficar sozinha na cela branca, melhor não ter espaço nenhum e estar com rostos conhecidos, se solidarizar mutuamente, se dar força, fazer rir da situação. Podíamos fumar, mas não podíamos acender nosso próprio cigarro, então o carcereiro tinha que ter boa vontade para vir acender. Ele não tinha esta boa vontade, fingia que não ouvia quando chamávamos. Aliás, coisa que não se pode é chamar o carcereiro de carcereiro, ofensa terrível, tínhamos que chamá-lo de "senhor funcionário", mostrando respeito. Era necessário manter uma relação cordial, dependíamos dele para tudo. Naquele momento o local estava cheio de familiares e advogados, mas não sabíamos como seria a noite.

Subitamente, alguém começa a cantar de dentro de uma das solitárias: "presos políticos, liberdade já, lutar não é crime, vocês vão nos pagar". As demais celas acompanharam, ouvíamos as vozes conhecidas, assim sabíamos mais ou menos quem estava ali. Em seguida, a Internacional socialista começou a ser assobiada, primeiro de maneira tímida, em seguida como em um grande coro, seguida por "*A las barricadas*" e outras palavras de ordem. Não é possível expressar a força que isso dá em um momento como esse, faz lembrar que há um sentido em estar ali, que nossa prisão não foi a última nem a primeira, que se trata de uma luta muito antiga, de todos que se rebelaram em tantas épocas, em tantas ditaduras e apartheids, declarados ou não.

Somente no dia seguinte fomos transferidos para Bangu.

Contramanifesto aberto pela legitimidade das manifestações populares*

Desde o ano passado, temos acompanhado uma série de revoltas populares, protestos e manifestações por todo o país. Aquilo que inicialmente seria uma insatisfação com os altos preços dos transportes públicos tomou a forma de exigência generalizada por participação política, demonstrando uma crise dos fundamentos da democracia representativa, marcada pela ausência de participação popular efetiva nos rumos da vida pública, e uma crítica profunda à legitimidade e suposta fatalidade do sistema capitalista.

As tentativas de direção e controle dos protestos pelas diversas forças partidárias institucionais, tanto da direita quanto pelos partidos da esquerda tradicional, falharam sucessivamente. Também foi insuficiente até agora a estratégia do governo de criminalizar o movimento, assim como as manipulações midiáticas que procuraram desqualificar a revolta popular sob um discurso repetitivo de que "tudo não passaria de uma minoria de vândalos infiltrados" e de "baderneiros inconsequentes". Apesar disso, as manifestações continuam, bem como a crise de representatividade aludida, que agora reverbera para o fato de as bases dos trabalhadores sustentarem greves em contrário à orientação das suas direções patronais,

---

*. Manifesto assinado por vários intelectuais e publicado nos meios digitais dois meses antes da nossa prisão.

dominadas em sua maioria por partidos políticos mais preocupados com as próximas eleições do que com a luta da categoria. São exemplos claros as greves com repercussão internacional, tocadas pela base das categorias, como a dos garis e dos rodoviários.

Diante da proximidade da Copa do Mundo e da perplexidade popular com os gastos exorbitantes com estádios de futebol, assistimos absurdos naturalizados pelos grandes oligopólios de comunicação de massa como:

1. O cerco de comunidades inteiras, inclusive com uso do exército, e a continuidade da violência policial nas favelas e periferias, significando na prática a multiplicação de territórios em permanente *Estado de exceção*, através das chamadas Unidades de Polícia Pacificadoras;

2. A criminalização de manifestantes, como no caso de estudantes do Rio de Janeiro, São Paulo, e, recentemente, Goiás que foram apanhados em casa e postos em prisões, cerceando suas liberdades e suas vozes críticas.

Por fim, os protestos tomaram a forma de denúncias do extermínio de negros e pobres nas favelas e adotaram como palavra de ordem sintética a bandeira: "se não tiver direitos, não vai ter Copa". Na medida em que as manifestações geram prejuízos sistemáticos às grandes corporações e, principalmente, colocam em questão este modo de vida pelo qual as elites e a maioria dos políticos se privilegiam e locupletam, alguns intelectuais vieram à público recentemente questionar sua legitimidade democrática e seu sentido histórico, evidentemente ajudando a criar um espaço de criminalização dos protestos.

Nós, estudiosos da sociedade, professores e professoras, nos sentimos então compelidos pela obrigação de responder este manifesto com um contramanifesto, de lembrar o inalienável direito dos povos à rebelião, que, inclusive, está na base do próprio nascimento da democracia. Se o poder emana do povo, este tem todo direito de reivindicá-lo e de colocar em questão os governantes e os sistemas que não correspondam aos seus anseios e reivindicações. Nenhuma grande revolução ou transformação social, em toda a história, foi conseguida sem levantes, revoltas ou rebeliões. Nenhuma ruptura com sistemas vigentes aconteceu com respeito incondicional às instituições que se pretendia justamente combater. Maiores do que os prejuízos econômicos gerados pelas manifestações são as vidas perdidas por este modo de organização societal cujo sistema econômico exclui milhares de pessoas não apenas da participação política, mas da mera possibilidade de sobrevivência.

O incômodo de alguns com relação às manifestações, notadamente quando implicam no fechamento de ruas/avenidas, não é nada quando comparado às opressões sistemáticas pelas quais passa grande parte da população; é, também, consequência do flagrante distanciamento de uma pequena parcela da sociedade, favorecida e privilegiada, que não consegue (ou não quer) sair da sua zona de conforto.

Por tudo isso, consideramos completamente legítimas as manifestações populares e os métodos de autodefesa usados pela população oprimida. São plenamente justificados os meios de luta que incomodam quando o objetivo é justamente tornar evidente o incômodo sofrido pelos excluídos. São necessários e úteis para a melhora da sociedade estes protestos que tornam evidentes para todos a denúncia de uma Copa do Mundo construída pelo uso indevido do dinheiro público, sem qualquer consulta popular, atropelando literalmente diversas moradias populares e em detrimento do investimento em saúde, educação, moradia, saneamento básico, etc.

Bangu

Dormimos eu, Moa e Rebeca quase empilhadas na solitária da Polinter. Durante a madrugada acordei várias vezes, e sempre pensava "ainda estou aqui, não foi um pesadelo". Partimos bem cedo algemados em duplas para Bangu, seis homens e seis mulheres. Na saída, apesar das ameaças dos guardas, puxamos palavras de ordem. Ninguém sabia o que ocorreria. Fomos entulhados na viatura da SEAP (Secretaria da Administração Penitenciária), que corria propositalmente, para enjoarmos. Estávamos algemados uns nos outros em um espaço que mal cabiam três pessoas. Apesar de tudo, ninguém vomitou. Polícia gosta de rir da cara de preso, é uma espécie de vingança pela função que exercem: para se manter em uma função como esta, sadismo é fundamental, assim como uma grande dose de ignorância acerca do próprio papel na sociedade em que está inserido.

Os rapazes desceram primeiro, ouvindo ameaças de que sofreriam violência porque, segundo os Policiais Civis, "aqui eles agem um pouco diferente da gente, melhor vocês olharem pra baixo o tempo todo e só falarem se forem perguntados". Depois saberíamos que agir um pouco diferente consiste em espancar e torturar de acordo com a própria vontade. Seguimos para a penitenciária feminina.

Nosso maior receio era de apanhar e da revista íntima. Sininho parecia uma professora nos dizendo como tudo funcionava, pois já havia sido presa ali. Logo na chegada vimos que seríamos tratadas de forma diferente das outras presas. O procedimento da revista íntima não nos constrangeu mais do que à própria funcionária que a realizou. A chefe de turno nos recebeu dizendo que éramos "outro nível", e ficou claro que ela se referia a uma diferença de classe. Quase cem por cento das detentas são negras, isso não é um exagero. Nós fomos colocadas isoladas. Embora as outras presas não pudessem falar conosco, faziam questão de nos acenar de longe e demonstrar apoio. Muitas jogavam bilhetes escondidos, pedindo ajuda, denunciando torturas, situação que permaneceu até o dia em que saímos.

A chefe de turno nos explicou as regras: só andar com as mãos para trás e cabeça baixa nas dependências do presídio, chamar as carcereiras de "senhora funcionária"... Ocorriam dois "conferes" ao dia, um às 7h e outro às 17h, quando, a funcionária dizendo nosso primeiro nome, deveríamos completar com o sobrenome e dar um passo para frente virando para o outro lado (isto é, ficando de costas para onde olhávamos antes). Quando a funcionária chegasse na frente da cela já deveríamos estar formadas para o confere, e não estar constituía falta grave e podia nos levar para a solitária (chamada de tranca). Além disso, era nosso dever cuidar da limpeza e arrumação da cela. Não teríamos contato com nenhuma outra presa nem banho de sol por pelo menos sete dias. Esperávamos, claro, sair antes.

O mais assustador no primeiro momento era a quantidade de mosquitos. Não adiantava cobrir a cabeça, eles entravam por entre as roupas, pelo meio da coberta, invadiam em nuvens cada espaço. Em bando ao cair da tarde, pareciam treinados para tornar a permanência na prisão um inferno ainda maior. Coberta, aliás, é obviamente luxo ali, e, como estávamos no inverno, um artigo cobiçado por todas e conseguido por poucas: tal como os mosquitos, o frio também é usado como punição. Estava claro para nós que apenas recebemos cobertas por sermos "outro nível", como havia dito a carcereira. Afinal, em breve alguma comissão de direito humanos procuraria saber como estávamos sendo tratadas. Mesmo assim, éramos oito e recebemos tão somente três cobertores. Com exceção de uma de nós, todas concordaram em coletivizá-los, e o que ficou faltando seria coletivizado no dia seguinte pelo grupo em decisão tirada na assembleia da cela. Quando se tem pouco, não há espaço para individualismo. Ou melhor, de modo geral, o individualismo só pode ser defendido por quem tem privilégios. Dormimos mais uma vez juntas, eu, Moa, Rebeca Souza, Elisa Quadros, Duda Castro e Jose Freitas, aproveitando as cobertas coletivas e com camisetas na cara para se proteger dos mosquitos. Me lembro de alguém ter dito que era por "fidelidade à tática". Antes de dormir, fizemos a primeira assembleia da cela e escrevemos nosso manifesto de prisão.

Carta pública das militantes presas na *Operação 12 julho**

Fomos presas no dia 12 de julho de 2014 e uma pergunta ainda permanece: qual a nossa acusação? Somos indignadas, engraçadas, libertárias, professoras, resistentes, corajosas. Somos produtoras, garçonetes, trabalhadoras sem carteira assinada, advogadas, mídia-ativistas, estudantes. Somos também mães, filhas, tias, irmãs, primas, netas. Somos amigas, amadas, amantes. Somos mulheres e somos presas políticas.

Numa ação arbitrária, com um processo forjado, provas plantadas, menores presos, violências, ameaças, fomos jogadas no cárcere com outras exploradas e excluídas como nós. A ressocialização desse sistema está presente apenas na estampa de nossos uniformes, o isolamento e invisibilidade não ressocializam ninguém. E mesmo com todo assédio, com as quatro a seis horas em transportes precários, com salários insuficientes para pagar o alto custo de vida na nossa cidade, como professoras sem condições dignas de trabalho e, muitas vezes, sem salário, como negras discriminadas, não nos calamos perante o terrorismo do Estado, pois tudo isso é uma forma de dizer que é melhor ficarmos caladas e submissas.

---

*. Carta escrita na cela coletivamente pelas ativistas presas na operação de 12 de julho de 2014.

É preciso denunciar ainda que a operação do dia 12 de julho foi um grande conluio do Estado, com mandados expedidos sem nenhuma prova concreta e executados sem que nenhum crime tivesse sido cometido, apenas com o intuito de impedir que houvesse manifestação na final da Copa do Mundo da FIFA. Para garantir o espetáculo mundial e o lucro de poucos, greves foram criminalizadas, alguns perderam seus empregos, muitos perderam suas casas, nós fomos presas e tantos outros perderam (e ainda perderão) suas vidas.

O que ocorre no país hoje é uma grande perseguição política. Há anos as pessoas têm ido às ruas com suas reivindicações diante da percepção das contradições desta sociedade doente na qual vivemos, sofrendo sequestros relâmpagos, infiltração de policiais, quebra de sigilos telefônicos, processos administrativos, violência policial (inclusive com óbitos), tiros com armas letais, ameaças diretas e indiretas, cassação de salários; e agora, como em outros momentos da história, estão sendo encarceradas por suas posições políticas e pelo crescimento do movimento, ameaças concretas à ordem dominante. Assim, movimentos sociais e políticos estão sendo transformados em associações criminosas.

Militamos em vários espaços distintos. Somos companheiras de luta sim. O que nos une é a luta por uma sociedade mais justa, mesmo que muitas de nós só tenham se conhecido aqui, atrás das grades. Paralelamente a isso, a grande mídia cria um espetáculo, fabrica líderes fáceis de matar e tenta calar as nossas vozes.

Tiraram-nos a única coisa que nos dizem que temos: nossa liberdade fora desses muros. Nossa liberdade de ir e vir, mas só nos lugares que nos permitem. De comprar o que não precisamos ter. Liberdade de ser exploradas, caladas, submissas, discriminadas, assediadas, liberdade de ter a chave de nossas próprias celas. Declaramos que a liberdade que queremos é maior do que esta, é a liberdade de saber que nós não moramos na rua porque ninguém mora na rua. Liberdade para nos alimentarmos por sabermos que ninguém mais passa fome. Liberdade de amar a quem quisermos porque somos livres e só seremos livres quando ninguém mais for escravo.

Evocamos a todas e todos para lutarem nas ruas, para criarem cada vez mais espaços de resistência e que nossa perseguição, sofrimento e cárcere não sejam em vão. Chamamos também a todas e todos que ocupam lugares privilegiados nessa sociedade extremamente desigual — juristas, intelectuais, jornalistas, sindicalistas, organizações de direitos humanos, formadores de opinião, a comunidade da UERJ, etc. — a tomarem um posicionamento público. É sempre bom lembrar que quem se cala diante das injustiças contribui para a manutenção desta situação. Gerar medo de falar é um modo sistêmico de nos tornar todos cúmplices.

A luta segue, voltaremos para as ruas e ninguém ficará pra trás!

Penitenciária feminina de Bangu, Pavilhão 8, Anexo 2

Um chinelo do Estado

Era o nosso primeiro dia inteiro em Bangu. Nosso segundo confere do dia. A cela era dividida em comarcas, que são como camas beliches totalmente de pedra. Escura e sem janelas, como se espera de uma cela, úmida e com mosquitos. A chefe de turno, posteriormente batizada por nós de Macaco Louco, por sua similaridade física e de conduta com a personagem da animação "Meninas superpoderosas", veio pessoalmente supervisionar nosso confere.

Existe algo na estética das agentes penitenciárias que precisa ser salientado. Todas, sem exceção, se arrumam com longos cabelos soltos com chapinha, unhas grandes pintadas e sapato de salto. A maioria usa também maquiagem forte e os cabelos pintados em tons claros. Essa estética objetiva reproduzir a estética dominante e exercer um tipo de poder pela aparência sobre mulheres negras, uniformizadas com short, camiseta e chinelo. O efeito visual faz lembrar a época da escravidão: são mulheres brancas em maioria oprimindo mulheres negras em maioria; mulheres que mesmo quando negras reproduzem a estética branca o quanto podem; que ganham muito bem para exercer aquele papel opressivo e que aprendem a gostar disso. Esta agente penitenciária não usava apenas salto, mas também uma bota até o meio da perna, um relógio enorme dourado e vários cordões. Ela parecia bater propositalmente o pé no chão quando andava, como que para impor algum tipo de intimidação.

Até então, não havíamos tido nenhuma visita de advogados nem nenhuma notícia de fora, a impressão era que havíamos sido esquecidas. Logo cedo vieram nos avisar que não havia tido ato na final da Copa, o que somente depois descobrimos que não fora verdade. Todo o tempo o objetivo das condutas das agentes penitenciárias parecia ser quebrar a nossa moral. E devo dizer que estavam sendo relativamente bem sucedidas. Estávamos enfileiradas para o confere quando a chefe de turno percebe que uma de nós não está com o chinelo que havia recebido ao dar entrada na cadeia. Subitamente, é como se Duda tivesse cometido um delito grave, e a chefe de turno começa a gritar em sua direção.

"Vai procurar o chinelo que você recebeu, agora! O que vocês estão pensando que é isso aqui, uma colônia de férias?"

Algumas de nós tentam ir ajudar, mas somos impedidas pelas carcereiras. Duda era a mais nova entre nós.

"Ela procura sozinha, o chinelo foi dado pra ela."

"Se você não encontrar este chinelo você não sai daqui nunca mais."

"Este chinelo não é seu, este chinelo é do Estado."

Nunca um chinelo pareceu tão importante. Duda ficou uns vinte minutos nervosa, tremendo, procurando o chinelo, enquanto Macaco Louco gritava ofensas e ameaças a todas nós e principalmente a ela. Ela se retirou ameaçando voltar em meia hora e levar Duda para a solitária se o chinelo não tivesse aparecido. Quando ela saiu nós abraçamos nossa companheira e procuramos o chinelo, que foi encontrado em cima da última comarca, no canto próximo à parede.

Passamos frio, fome, fomos atacadas por mosquitos, sofremos tortura psicológica, presenciamos torturas muito piores. Nada do que passamos pode ser comparado ao que passam as demais presas do Complexo Penitenciário de Gericinó[1], lá esquecidas, isoladas, as verdadeiras presas políticas de uma sociedade desigual. Estar presa é ser lembrada a todo o tempo que você não tem direitos, que você não é nada, "você está presa" significa "a partir de agora você não é mais humana", você é escória, contra você tudo é permitido, tudo é justificado. "Mãos pra trás e cabeça baixa, não encare seu opressor de frente, incorpore a submissão". O sistema prisional leva ao extremo aquilo que o sistema pedagógico já legitima, uma pedagogia do castigo e da culpa, da punição e da dor, da exclusão, da segregação e da humilhação. Por isso que, antes de tudo, toda a sociedade é cúmplice da existência de lugares como aquele. A única atividade permitida para as detentas no presídio é assistir a cultos pentecostais, nos quais é ensinado que a única esperança para elas é a salvação divina; nos quais são mais culpabilizadas por estar ali e ensinadas a se conformar, diante de um Deus que pune, um Deus que é a imagem e semelhança do Estado patriarcal.

---

1. O Complexo Penitenciário de Gericinó foi criado em 1987, quando o então governador do Rio de Janeiro, Moreira Franco, decidiu criar ali, na região agrícola de Bangu, um presídio de segurança máxima. Por se localizar em uma área bastante afastada da área urbana, o presídio propicia isolamento e invisibilidade dos detentos, contribuindo ainda mais para o exílio e a arbitrariedade que já constituem, em geral, nosso sistema penitenciário.

A batalha da ALERJ

Existem muitos episódios que mudam a vida de uma pessoa, e a batalha da ALERJ foi um desses na minha. Eu queria narrar este dia com detalhes para ver se mais alguém descobre algo pelo que vale a pena viver. Mas sabemos que a memória é seletiva, que os detalhes se perdem, e que muito não poderá ser dito.

Não sei de onde vieram todas aquelas pessoas e toda aquela insatisfação. Desde cedo, milhares tomaram as ruas aos gritos de "acabou amor". Os atos, que cresciam a cada nova manifestação, estavam agora em sua fase mais massificada. As pessoas queriam enfrentamento, e não me refiro aos "militantes combativos" de sempre, mas das pessoas comuns. O discurso pacificador propagado pelos meios de comunicação já não encontrava ouvidos nem ecos. E o mais importante: a favela estava na rua, a periferia havia entrado em cena. O burburinho de rebelião tomava a cidade, trabalhadores desciam de seus escritórios, todos os explorados insatisfeitos formavam uma grande massa de pessoas com camisas na cara. Não havia o black bloc como um grupo combinado, havia a aprendizagem prática de uma tática que vinha funcionando até então e que encantava a população comum como uma ruptura no seu cotidiano de opressão.

Nenhum líder, todos iguais mascarados nas ruas. Começaram os cochichos, uma pessoa pra outra, não sei de onde surgiu, o que me lembro é de uma massa negra que se procurava e dizia "vamos tomar a ALERJ", "vamos pra ALERJ hoje, passa adiante". Os primeiros que avançaram encontraram alguma resistência, mas os guardinhas abandonados lá não tinham nenhuma chance, fugiram da população que atirava pedras e paus. O povo havia ganhado do braço armado do Estado e, como no final de um Saltimbancos, concluíam: "eles correram, todos juntos somos fortes".

A partir deste momento o povo não tinha mais medo e avançava em euforia. Todas as ruas em paralelo à Rio Branco foram tomadas por barricadas e as lojas foram invadidas e saqueadas. Chocolates caros, joias, roupas levadas e partilhadas por aqueles que não têm acesso a este tipo de consumo. Sim, chocolate: a batalha da ALERJ teve sabor de chocolate com cheiro de gás lacrimogênio. As instituições financeiras, que protagonizam a destruição de tantas vidas com suas políticas de crédito predatórias e covardes, com seus juros abusivos e sádicos, não foram poupadas. O povo não é inconsciente, esta é a mensagem que fica; o povo ataca sem líder, mas de modo extremamente significativo. Bancos invadidos, cadeiras e títulos de dívida queimados, computadores e sofás, uma grande fogueira em frente à Assembleia Legislativa. As pessoas dançavam em êxtase ao redor da fogueira. Diálogo ao pé do ouvido: "Vingamos a aldeia Maracanã" — "Não, ainda não"...

Pedras incessantes em direção à ALERJ. Os guardas lá dentro reféns de uma multidão da qual não se via o fim. O choque cerca a área, mas não avança. Parados, apenas assistem os morteiros que estouram na porta da Assembleia. Centros culturais não são atacados nem depredados. Mas os móveis coloniais voam da janela da ALERJ direto para a fogueira. "Vamos embora, a polícia vai vir e vai prender todo mundo". "Eu não posso ir embora porque vivi todos os dias da minha vida até hoje apenas para estar aqui e assistir isso". "Tomamos a casa do povo!"

Quem estava ali não esqueceria, cada rosto coberto era um aliado. Daquelas mentes e corações não poderá ser apagado o significado de enfrentar a polícia e destruir símbolos da opressão capitalista ao lado de uma massa sem fim de pessoas. Não foi um processo revolucionário, mas foi como que o prato de entrada da revolução. A possibilidade da revolução acenou no horizonte naquele dia e tenho certeza que nenhum usurpador conseguiu dormir em paz.

Sim, vida é coisa que se reconstrói, da destruição pode nascer o novo, uma relação de forças pode mudar, uma sociedade inteira pode mudar e naquele dia o processo pelo qual o impossível pode se tornar possível se manifestava concretamente para aquelas pessoas pelas forças de suas ações.

Pensava assim quando começaram os tiros de verdade e vi duas pessoas caírem na minha frente e os socorristas correrem para atendê-las. Corri tanto quanto pude na direção oposta e fui embora. Mas nunca esquecerei este dia, e, quando eu estiver bem velhinha e pronta pra morrer, vou lembrar da fogueira e dos gritos em frente à ALERJ, e de como esse dia vale uma vida inteira. Assim, eu vou morrer sorrindo.

NÃO É POR R$ 0,20

Torturas

Hoje faz 10 dias. Apenas três dos vinte e três permanecem presos. Toda noite uma presa é torturada no castigo ao lado da nossa cela. Nós ouvimos os gritos dela e não podemos fazer nada. Já tentamos intervir mas as funcionárias nos ignoram, tudo que nos resta é chorar e sofrer junto. O frio aqui é usado como forma de punição, por isso não podem entrar casacos. A cela do castigo é fria, úmida, suja e escura. Ouvir uma pessoa chorar de dor e não poder fazer nada também é tortura. Este é o sistema carcerário, não há nada de bom aqui, ninguém merece vir pra cá, este lugar apenas não deveria existir. Ninguém precisa fabricar demônios, nem infernos, bastam os presídios e seus regimes de terror. As internas precisam se humilhar o tempo todo, porque as funcionárias precisam manter a atmosfera de medo. Não andam armadas aqui, e cada plantão deve ter 10 funcionárias para em torno de 400 internas. Se não conseguem persuadir com castigos e ameaças, poderiam ser mortas até chegar reforço. Eu sei que elas atacam por medo e sadismo fabricado pelo sistema, eu sei que a humanidade delas foi vendida barato. A quantidade de presas é muito maior que a de agentes, e mesmo que estas estivessem armadas, se houvesse uma revolta coletiva, elas não teriam chance. Prepotência e arbitrariedade são modos de manter o medo constante, e o medo constante é a única possibilidade de controle e dominação. Humilhar, baixar a moral, fazer você se sentir sub-humana não é apenas e fundamentalmente punição, mas é sua própria condição de possibilidade.

Pode ser que o *habeas corpus* saia ainda esta semana. Quando os advogados vêm, nos enchemos de esperanças, mas a esperança frustrada pode ser pior que a angústia. Sustentar a angústia, sustentar o insustentável, transvalorar o absurdo pela revolta, é preciso não ter esperanças nem desespero... e o tempo lento domina tudo...

Por vezes se pode ouvir o amor resistindo, presas namorando que, de celas separadas, pedem para sonhar uma com a outra. É coisa que agrada ouvir, a vida dando sua maneira de seguir apesar do sistema. Mas neste momento o que escuto é a interna na tranca pedir desculpas, por incomodar com seus gritos; a funcionária a ignora. Tenho a impressão de que os pássaros e gatos aqui riem da nossa humanidade. Os animais, mais livres, circulam na penitenciária, entram e saem de onde não podemos. Aqui eles se vingam de toda a nossa suposta superioridade.

~

Mais uma interna na tranca, agora durante o dia. A tranca é a solitária, que serve como castigo e pode ser limpa ou suja. Quando é suja, as funcionárias chamam de "buraco". A impressão que se tem é que quanto mais se fica sem visita, pior se é tratado. O sistema aposta no abandono e as mulheres são as principais abandonadas. Ser preso é como morrer, só que em vida. No início as pessoas se negam a acreditar, depois se revoltam e, finalmente, te esquecem e seguem suas vidas. Sempre alguém não vai esquecer, mas, no geral, somos mortos-vivos. Toda a sociedade é cúmplice de que lugares como este existam. Ontem uma interna nos jogou um bilhete pedindo para denunciar o que elas passam, a invisibilidade é grande. A frase mais recorrente entre as funcionárias é "porque eu quis": "você vai pra tranca porque eu quis"; "você vai ficar com frio porque eu quis"; "porque eu quis não tem banho de sol para você"; "porque eu quis você passa a noite sentada no banco esperando atendimento médico". Perguntei para uma carcereira:

— Você não se sente mal estando de casaco com outras pessoas passando frio ao seu lado?

Ela chegou bem perto de mim para me intimidar antes de responder. Existe toda uma vestimenta usada para expressar poder e intimidação dentro da penitenciária feminina. As detentas são em sua maioria negras, andam de camiseta, bermuda e chinelo; as funcionárias são em sua maioria brancas, cabelos lisos e pintados de loiro, e só andam de salto ou botas. A imagem salta aos olhos.

— A família dela é que precisa trazer na custódia.

— Mas a minha pergunta é bem mais simples, sra. funcionária, eu só queria saber se você não se sente mal.

— Não, não me sinto, a família dela é que devia se sentir.

— Entendi...

Mas por que razão ela se sentiria? Vivemos num mundo onde tantos não têm nada ao lado de outros que têm tudo. A maioria das pessoas também não se importa de fato com as pessoas sem casa, sem comida, sem escola, sem hospitais. Existem boas justificativas para tudo isso e, no final das contas, "elas merecem estar assim". Ah, a punição e o prêmio, os dois lados do merecimento. O que dizer então daqueles que cometeram crimes, os vagabundos, os que foram apanhados, os matáveis, aqueles em relação aos quais a violência é socialmente justificável e aceitável e sobre os quais pode ser exercida desavergonhadamente. Não, o problema não é o crime que elas cometeram, jamais foi, o problema é quanta violência e poder se pode agora exercer sobre elas, mesmo se convencendo de que você é uma boa pessoa, uma cidadã de bem, a mocinha. Aqui se encontram as que merecem sofrer, é preciso acreditar nisso, por um sistema desigual que na realidade necessita da manutenção desta exclusão para continuar existindo.

Assim estabelece-se um exercício quase absoluto de poder que gera satisfação sádica ancorada na certeza de que nada sairá daquelas paredes. Quem está preso é refém do Estado, não pode fazer nada, a família temerá dizer o que quer que seja para que seu parente não sofra represálias. Quem sai, se mora em zonas militarizadas, permanece refém, sempre se pode voltar e, também lá fora, se pode morrer. Ter que se calar diante do intolerável é uma das expressões mais eficazes da violência continuada.

Impressões parciais do primeiro dia de nosso julgamento

A audiência tinha um clima espetacular, com fotógrafos e redes de televisão... As mídias alternativas não tinham autorização para filmar lá dentro, mas a *Rede Globo* podia permanecer. Quando entrávamos no tribunal, uma câmera disposta no meio do nosso rosto devia registrar nossa expressão naquele momento, não havia a possibilidade de negarmos o uso de nossa imagem. Que liberdade de expressão é essa reservada apenas aos grandes veículos midiáticos que detêm o direito de acossar com câmeras aqueles e aquelas que estão sendo julgados, sem que lhes seja possível deliberar sobre o uso de sua própria imagem?

Iniciou-se a audiência com nossos punhos erguidos. Quando os companheiros algemados entraram na sala, gritamos: "Não passarão!" Ao que se seguiu a primeira manifestação do juiz Itabaiana: "Aqui quem manda sou eu, aqui não tem punhos cerrados não, aqui não é a rua". O tribunal é um espaço absolutista, o juiz é o rei e os demais são seus súditos. O réu não é sequer humano, é um objeto da vontade do soberano, sem direito à voz, sem subjetividade. Nesse relato, entretanto, eu posso esclarecer. Itabaiana considerou a frase como desacato. Ora, "Não passarão!" é um lema internacional antifascista que expressa determinação em se defender de um inimigo que avança. Foi usado na Revolução Espanhola e também em vários outros momentos de resistência na História. É bastante simbólico seu uso como cumprimento por aqueles e aquelas que se defendem no momento em que se reconhecem como aliados. Mas desacato significa ofender um funcionário público, qualquer que seja, no exercício da sua função, não apenas juízes ou chefes de poder, mas qualquer servidor. Como um lema defensivo usado como saudação pode ser considerado uma ofensa?

A sala de audiência tem cinco telões, que nos cercam e refletem o julgamento por toda sala. Cria-se um clima espetacular no ambiente já ritualístico do tribunal. Atrás de nós estão as câmeras da TV, na frente, o juiz e a promotoria. Entre nós e eles, os advogados de defesa, que criam uma aparente distância de segurança. Mas tudo o que fazemos passa insistentemente nos telões. Acima da cabeça do juiz um crucifixo, a imagem do poder religioso ao mesmo tempo conivente e contraditório, uma vez que ele mesmo, Cristo, foi condenado à cruz que, ali disposta, legitima todo aquele ritual. Por outro lado, é o símbolo do poder patriarcal, Deus-filho, Deus-homem, Deus-condenado. Acima do representante do Estado, Laico, Onisciente, Onipresente na sala, o Deus-condenador. É sempre bom lembrar que o pensamento jurídico ocidental se desenvolveu pelo e para o poder régio. É sempre bom lembrar que o poder Judiciário é o absolutismo presente na sociedade disciplinar.

É preciso muita semiótica, muita violência simbólica, para que as palavras de um ser humano possam ser suficientes para colocar outro ser humano na cadeia. Na audiência, eu queria dizer-lhes, se os ritos medievais assim permitissem, que não reconheço esse poder, que não participaria desse ritual, que jamais o investi de tal prerrogativa. Mas estaria ali, no lugar de réu, sentada ao fundo da sala, sem direito à voz. E ainda que quisesse dizer bem alto que as palavras "mágicas" do juiz não poderiam ter efeito sobre mim, sabemos muito bem que a semântica é determinada por uma prática social que confere poder a tais palavras. Não por conta de qualquer metafísica, mas porque toda a metafísica que somente a gramática pode criar incide diretamente agora sobre nós. As revoluções modernas não cortaram cabeças suficientes.

～

A primeira testemunha da acusação foi a Delegada Renata. Ela situou a formação da FIP (Frente Independente Popular)[1], com objetivos criminosos, em setembro de 2013, que também seria o início do inquérito. De acordo com o informante Felipe Braz, a FIP teria sido a responsável por transformar o movimento popular de junho em crimes e atos de vandalismo. É importante ressaltar que tudo que ela disse se baseia no depoimento de Felipe, a única fonte de fato. A Delegada não testemunhou nada. A FIP teria saído do fórum do IFCS (Instituto de Filosofia e Ciências Sociais da UFRJ). Teria plenárias abertas, nas quais seriam aprovadas passeatas e panfletagens, e teria uma comissão fechada, interna, na qual seriam decididas *ações diretas* (em seu próprio termo). Ela cita um testemunho do Felipe Braz, uma suposta reunião em uma barraca do "Ocupa câmara" na qual teria sido aprovada a queima de um ônibus. Não importa se tal ônibus foi ou não queimado, a FIP havia planejado queimá-lo, planejar cometer crimes já é cometer crimes. A tese central é de que partiríamos de problemas reais na cidade, que são motivos reais para fazer passeatas para, a partir disso, cometermos crimes. Mas quais são os crimes? Aqueles que planejamos e nem sequer cometemos. Um ponto importante:

---

[1]. A Frente Independente Popular do Rio de Janeiro foi formada a partir dos protestos de 2013, reunindo militantes e ativistas não organizados juntamente com coletivos e organizações políticas não eleitorais. A principal unidade entre eles era justamente o repúdio ao processo eleitoral e a defesa da legitimidade da resistência popular e da combatividade nas ações de rua.

não assumir o caráter político das ações faz parecer que cometeríamos crimes pelo prazer de cometer crimes, já que não existe vantagem financeira, ou de qualquer outra espécie, envolvida.

Começa então a falar da Elisa Quadros. Diz que ela era a líder máxima, líder na FIP e nos "Ocupes", diz que ela que coordena os pedidos de quentinhas, diz que ela pede quentinhas para manifestantes. Diz que ela se ausentou do Rio com medo de ser presa, que ela estava preocupada com Minas Gerais porque lá já haveria provas da formação de quadrilha da FIP-MG. Entretanto, não havia FIP-MG. Começa a falar da questão financeira, com outra informante como fonte, que diz que seriam políticos partidários. Depois fala sobre pessoas que teriam como função "jogar molotovs de dentro de veículos em movimento". Nesse momento, houve uma gargalhada no tribunal, repreendida pelo juiz. A livre interpretação de testemunhos confusos, fundada em afetos pessoais e fragmentos de conversas ou postagens no Facebook segue até o final de seu testemunho. Quando a livre interpretação se torna fato, não importa se alguém não lembra ou simplesmente inventa. Mesmo que isso coloque alguém preso. Mesmo que destrua vidas. Toda inocência ainda tem que ser provada, invertendo o que o próprio Direito postula sob a rubrica da inocência presumida.

Lembro do momento que ela mencionou o dia 28 de junho, quando a Andressa foi detida e eu, preocupada com ela, liguei para várias pessoas para ajudá-la. Renata (investigadora) diz que isso prova que eu sabia que ela era menor, pois pergunto se ela não teria sido levada para a DPCA (Delegacia de Proteção à Criança e Adolescente), o que é usado para me acusarem de corrupção de menores em relação a ela. Ora, quem não se preocuparia com uma menina de 16 anos sendo levada pela Polícia Militar? Como saber que ela é menor e me preocupar com ela pode significar que a corrompi?

Fizeram uma megaoperação e gastaram dinheiro público para fabricar crimes que não existiam. O próprio informante policial tentava incitar as pessoas a cometerem crimes para ter material para seu relatório, que provavelmente foi vendido. Os agentes do Estado perseguem, inventam, incitam... qualquer conversa pode ser interpretada contra aqueles que estão sendo acusados. E existem infinitas interpretações possíveis, mas somente aquelas favoráveis às acusações serão levadas em conta. Todo o processo é um grande teatro, uma farsa que só não é tragicômica porque destrói psíquica e materialmente a vida de pessoas. Por que a palavra de informantes é tão inquestionável? O que torna tal palavra critério de verdade, se ele mesmo não apresenta nenhuma prova material para o que diz? Se ele mesmo possui razões para mentir? Se ele reproduzia o que queria delatar? Nada aqui é conclusivo...

O segundo depoimento acusatório foi do policial Marcelo Ortiz, seguido por seu companheiro Marcio. Marcelo começou chamando de absurdo nossa ida à imprensa para dizer que Bakunin seria preso, como modo de desqualificar a investigação. A sua formulação foi extremamente patética: "Bakunin não estava processado, ele apenas aparece citado na investigação". Novamente uma gargalhada toma conta da sala, logo contida pelo juiz Itabaiana. Seus depoimentos eram pontuados por inúmeras contradições, inclusive com o que havia sido dito pela Renata. Impossível não pensar na particularidade desses discursos sempre risíveis, sempre no viés entre o grotesco e o patético, mas que ainda encontram respaldos suficientes, na autoridade e na produção de verdade jurídica, para condenarem em tribunais. Os absurdos condenam. É o império do ubuesco! Eu queria fazer perguntas: onde estava o mandado de busca e apreensão? Por que nossa prisão não foi documentada (filmada)? Outras, com a da Elisa Quadros, foram. Por quê? Por que, mesmo sem resistência, Marcio apontou uma arma para o meu então companheiro e o algemou? Por quê? Por que a suposta bomba foi destruída, impossibilitando que um segundo laudo fosse solicitado pela defesa? Não é estranho que uma prova tão importante seja totalmente destruída? Mas eu não podia falar...

O infiltrado na FIP

Felipe Braz foi a testemunha mais importante, pois seu depoimento era o critério e a referência de verdade da delegada, e muitos dos acusados estavam ali só por causa dele. Esse informante policial se aproximou da Frente Independente Popular (FIP) em 2013, tentou entrar em diversos grupos políticos, se aproximou muito de várias pessoas que o convidavam para sair, para reuniões e para participar de ações em atos. Chegou a se envolver afetivamente com uma militante, que chamarei aqui de Simone[1]. Claramente já estava ali com a intenção de recolher informações, pois agia como provocador. Mas analisar isso posteriormente ao ocorrido é fácil, ninguém pode ser culpabilizado pelas técnicas que o Estado e seus agentes usam para criminalizar os movimentos sociais e suas ações. Muitas pessoas se enganaram com Felipe Braz e com tantos outros ao longo da história que cumpriram funções semelhantes. Toda cautela é pouca, e é preciso aprender com nossa história. Ainda assim, existirá sempre um âmbito não previsível que torna, em grande medida, a proteção total impossível (mesmo porque a busca pela segurança total pode ser paralisante).

---

[1]. De agora em diante, "Simone" é o nome atribuído à pessoa com quem Felipe Braz se envolveu afetivamente com o intuito de obter informações.

A infiltração policial é um tipo de violência do Estado recorrente, para se precaver é preciso saber as táticas e técnicas que usam. Em todo caso, não se deve culpar as vítimas pela violência que sofreram quando não foram capazes de avaliar um informante como tal. O informante é contraprova definitiva de que o Estado trata todo cidadão como virtual inimigo, e imprime a paranoia entre os iguais para manter sua dominância sobre a vida e a conduta de todos.

O próprio Felipe Braz não apresenta nenhuma prova para o que fala, ele é uma prova forjada, apresenta como critério o "ouvi dizer" e a palavra da Simone. Sua fala se faz verdade apenas porque está investida pelo interesse dos que julgam com a condenação já pronta. Ora, ele jamais diz que viu algo, quase nada ele viu realmente, além da tal suposta reunião dentro de uma barraca no "Ocupa câmara", que não se sabe se ocorreu. "Ouvir dizer" não é critério e a Simone desmente todo o resto. Há uma clara circularidade: Felipe Braz comprova a interpretação das escutas, a interpretação das escutas comprova Felipe Braz. Esta circularidade recebe o nome nos tribunais de conjunto probatório.

Felipe Braz é misógino, espancava travestis, pagava meninos de rua para transportar explosivos, agrediu fisicamente duas mulheres em uma manifestação. Ele demonstra profundo ódio quando fala de qualquer mulher, tem uma visão nefasta do feminino como nocivo. Nesse ponto, ele, o juiz e meu então advogado parecem estar de acordo. Ah, o patriarcado e seus finais felizes. O melhor argumento contra ele só poderia ter vindo de uma mulher. Eu gostaria de citar a advogada Fernanda Vieira: "Se ele participou de uma reunião que deliberou um crime, ele é criminoso, ou então nem todos que participavam desta reunião eram criminosos". No final, ele teria que desconsiderar que todos ali eram responsáveis pela ação/criminosos/líderes, ou ele mesmo teria que se entregar. Como ele poderia ter visto algo, tudo que diz saber, sem tomar parte em nada? Ou ele não viu e está inventando ou ele viu e participou, tornando-o tão criminoso quanto os demais acusados no tribunal. Mas o caminho escolhido pela defesa não deve ser o de levá-lo ao banco dos réus, o caminho é considerar que ele não sabe mesmo de nada do que está dizendo, que inventou, que tentou construir provas para fazer um relatório/dossiê encomendado.

Felipe Braz disse que fez o dossiê para o Ministério Público (MP) após a morte de Santiago Andrade por ter senso de justiça. Ele responsabilizou a FIP pela morte. Incentivada por isso eu gostaria de dizer algumas palavras sobre senso de justiça, essa noção que aparentemente a tudo se presta.

Senso de justiça é não aceitar que apenas alguns têm onde morar sabendo que tantos moram na rua; é não poder comer em paz sabendo que tantos comem lixo; é não poder dormir tranquilo sabendo que tantos não dormem, ouvindo tiros; é não aceitar sem fazer nada o discurso meritocrático enquanto para tantos é negada até mesmo a educação básica; é saber que não se está livre enquanto outros estão presos; que a vida de ninguém pode ter sentido enquanto tantos morrem por nada ou para que outros fiquem ainda mais ricos. Senso de justiça é não se calar diante das injustiças com medo de perder seus privilégios.

De fato, quem matou Santiago não foi Caio ou Fabio, foi o Estado, o mesmo Estado que mata tantos e tantas Amarildxs. O que matou Santiago foi a violência policial; a desigualdade; as filas dos hospitais precários; os estupros nas favelas; a gentrificação; o trabalho escravo; e não aqueles ou aquelas que se levantaram contra essas e tantas outras injustiças. O Estado pode até não ter matado Santiago diretamente, mas ele o matou indiretamente e continua o matando e se aproveitando da sua morte oportunamente para criminalizar e punir exemplarmente a revolta popular.

Quem tem senso de justiça não se revolta com uma morte acidental apenas, se revolta contra a morte sistêmica e estrutural, a morte repetida, diária, consentida pelo monopólio da violência estatal, as mortes conclamadas e legitimadas pelos meios de comunicação.

Há algo de muito significativo e doloroso quando um agressor, machista, misógino, mentiroso, violento, judas, traidor, corruptor de menores, cagoete, homofóbico, delator, desprezível até entre aqueles que cometem os atos mais vis, é ouvido falando em senso de justiça em um tribunal. Há algo de muito significativo no fato da nossa sociedade dar voz e crédito a esta pessoa para condenar e prender trabalhadorxs precarizadxs, professorxs, jornalistas, profissionais liberais, mães, filhas, irmãs, estudantes... pessoas que sabem pelo que lutam e no que acreditam.

A justiça não deveria ser uma palavra vazia, a justiça não deveria ser um tribunal, a única justiça que reconheço é a da revolta, e esta nasce no coração de pessoas que subitamente dizem "basta, não mais, não passarão!" e se levantam diante de tudo aquilo que não é dito, que é invisibilizado, ainda que, para isso, tenham que colocar em risco suas próprias vidas.

Não é brincadeira, a UERJ apoia a Mangueira

No dia 24 de maio de 2015 ocorreu um novo processo de remoção na favela conhecida como "favelinha do Metrô-Mangueira", situada ao lado da Universidade do Estado do Rio de Janeiro (UERJ). Nesse dia, várias famílias tiveram suas casas derrubadas com tudo dentro, as crianças chegavam da escola sem ter mais onde morar, uma senhora foi soterrada dentro da sua própria casa por não conseguir sair, um bebê de dois meses foi internado por respirar gás lacrimogênio, pessoas já abaixo da linha da pobreza perderam as poucas coisas que tinham, e nada disso saiu no jornal.

Mas nesse dia ocorreu também algo excepcional: estudantes da Universidade do Estado do Rio de Janeiro foram apoiar a resistência da favela contra a remoção. A Tropa de Choque que esperava massacrar uma população invisibilizada pelo narcotráfico encontrou também cerca de duzentos universitários brancos e de classe média engrossando uma manifestação no local. Novamente, como em 2013, essa potente parceria gerou um efeito inesperado na repressão, que não sabia como reagir. As famílias resistentes e demais moradores da favela se uniram em um ato histórico que retornou à Universidade sob forte repressão policial. No momento em que os moradores da Mangueira entraram na Universidade, esta fechou suas portas para impedir que as pessoas acuadas lá pudessem se refugiar. A segurança da UERJ apoiou totalmente a ação policial, chegando a espancar um estudante que foi trancado dentro de uma sala por horas. As mangueiras contra incêndio foram usadas pelos seguranças para conter os manifestantes, e, segundo alguns, foi a força da água que quebrou as vidraças. Sim, as vidraças da UERJ foram quebradas. Isso saiu na primeira página dos principais jornais no dia seguinte. A reitoria lançou uma nota de repúdio à "presença de pessoas estranhas à comunidade acadêmica na UERJ" (sic.).

O que se seguiu foi uma liminar impedindo que as remoções continuassem, liminar que mantém as famílias resistentes no local até hoje. Mas não foi só isso. No dia seguinte, a polícia estava no nono andar da UERJ, os telefones do Instituto de Filosofia e Ciências Humanas foram grampeados, uma investigação foi instaurada para apurar os responsáveis pela depredação do patrimônio público, além de uma fantasiosa ligação entre o Centro Acadêmico de Filosofia e o narcotráfico. Dizem que essa última investigação foi instaurada a partir da denúncia de um professor do próprio Departamento de Filosofia. Quase todos os professores da Filosofia, juntamente com alguns da História e das Ciências Sociais, foram intimados a prestar esclarecimento na delegacia. Eu fui uma entre estes. O inquérito não foi adiante e ninguém foi processado, mas o terror pela criminalização foi instaurado entre nós.

Algumas palavras sobre o ocorrido ontem na UERJ e a nota do reitor[*]

O título da nossa nota poderia bem ser o mesmo da nota lançada pela reitoria: "Não há diálogo com a barbárie", pois barbárie é derrubar a casa das pessoas com suas coisas dentro, é atirar em criança, é invadir residências para espancar moradores. Em máximo grau, a exclusão social gritante na qual nos encontramos é a verdadeira barbárie. A reitoria sabe disso, mas um dos procedimentos frequentes da guerra dos discursos é a inversão dos efeitos pelas causas das relações estruturais sistêmicas, o que culpabiliza as resistências. Isso não é novidade. É uma das coisas que a história nos ensina. E sim, a história nos ensina de fato muitas coisas, sobre momentos em que a polícia invade Universidades, sobre o fim dos diálogos possíveis à força de tiros.

Mas achamos que algo deve ser valorizado nos acontecimentos desta última quinta-feira, para além da criminalização costumeira. Foi fantástico que, apesar das imensas diferenças que existem no cerne do movimento estudantil da UERJ, os estudantes decidiram consensualmente apoiar a luta da Mangueira. Isso demonstrou grande unidade e maturidade entre nós. Não vamos deixar que a reitoria criminalize alguns grupos, colocando-os como terroristas responsáveis pelas ações. O grande valor do ocorrido foi

---

[*]. Nota lançada pelo movimento social Ação Direta em Educação popular relativa ao ocorrido na UERJ no dia 28/05/2015.

a solidificação do diálogo e o apoio mútuo entre a Mangueira e a Universidade. Infelizmente, não foi possível evitar a remoção das casas, mas sem dúvida fortaleceu-se o vínculo para a construção de uma Universidade popular e para a unificação das nossas lutas. Os problemas da Mangueira também são nossos problemas, e temos certeza que a visibilidade da UERJ foi fundamental para a resistência das famílias e para a aprovação da liminar impedindo a continuidade das remoções. Que este vínculo permaneça, que esta aliança prospere, que fique cada vez mais claro em que sentido a precarização da educação e as remoções na favela fazem parte de um mesmo projeto político. Se somos atacados por um mesmo inimigo, faz todo sentido que possamos resistir conjuntamente.

Mas a reitoria debocha de nossa unidade e da sociedade. Primeiro, afirmou que "não vai ter sexta-feira sangrenta na Universidade", como justificativa para suspender autoritariamente o conselho universitário, e agora usa a expressão "não passarão". Queríamos dizer que tal como a UERJ não é quintal da reitoria, a vida e as lutas concretas das pessoas não são motivos de piadas. Talvez pareça engraçado para alguém que nunca imaginou ter a casa destruída pela polícia, ou cujo filho nunca levou uma bala de borracha na cabeça, como ocorreu ontem com uma criança de cinco anos. Mas essa reitoria representa e defende a violência de Estado. Não vamos deixar que nossa força seja usada contra nós, jamais nos envergonharemos de termos a Mangueira ao nosso lado. Nossa força está justamente nesse diálogo da Universidade com a favela. Nossa legitimidade enquanto resistência está na violência policial anterior e diária instaurada na comunidade. É uma pena que seja dado mais valor às vidraças do que às vidas e moradias das pessoas. Alguns acham que a pedra e o vidro quebrado são as únicas causas e fins de tudo que aconteceu naquela noite. O que é horrível, pois essas discussões morais tentam mascarar as remoções na Mangueira, as agressões de seguranças contra mulheres e estudantes, a precarização da Universidade, as bombas lançadas e os tiros de armas letais disparados pela polícia na Mangueira e na UERJ, além dos motivos que levaram ao ato.

Mas, ao menos agora, o desalojo absurdo foi minimamente notado e problematizado. Não fosse isso, talvez nem sairia no jornal. Talvez a elite intelectual em seus seminários e simpósios internacionais nem ficasse sabendo da violência extrema exercida ali do lado. Mas se a realidade bate à porta, não significa que alguém foi chamar "agentes externos à Universidade". Na sua nota, o REItor faz referência aos moradores da Mangueira como "pessoas estranhas à nossa comunidade". Claro que é estranho! Pois não se imagina uma universidade pública e popular na UERJ. Não se pensa em meios de furar a bolha acadêmica que é essa universidade. Os moradores da Mangueira não devem mais passar pela UERJ apenas para cortar caminho até suas casas, enquanto elas ainda estão lá, é claro. O que nós gostaríamos de dizer é: a comunidade, a sociedade, os excluídos não mais serão agentes externos a esta Comunidade.

Meu depoimento na Polícia Civil

Cheguei à delegacia acompanhada de dois advogados para prestar depoimento. Após as devidas apresentações, o delegado esclareceu o motivo de minha intimação. Havia duas investigações em curso. A primeira foi aberta após maio de 2015, para averiguar danos ao patrimônio público da UERJ; a outra foi aberta a partir da denúncia de um professor do próprio Departamento de Filosofia, para apurar a existência de tráfico de drogas no nono andar e uma possível associação entre o Centro Acadêmico de Filosofia e o tráfico de drogas na Mangueira — associação que me envolveria diretamente. Deixei escapar um riso nervoso e comentei o quanto isso era um absurdo sem tamanho, que não poderia deixar de me surpreender e espantar, mais do que qualquer outra coisa. De fato, eu não conseguia ficar seriamente preocupada, mas vivemos em um mundo surrealista. Depois de investigar Bakunin, a polícia ia me criminalizar por tráfico de drogas.

~

DELEGADO: Nós recebemos a denúncia e temos que investigar. Mas eu mesmo não acredito nisso. Achei desmoralizante quando o processo contra os 23 ativistas citou Bakunin como procurado. Não quero que algo semelhante ocorra por aqui. Eu sou amigo do Zaccone, não sou um policial fascista. De fato, foi um professor de Filosofia muito estranho este que fez a denúncia, ele disse que bom mesmo era na época da Ditadura Militar, que vocês já estariam todos presos. Eu não penso assim, sou policial civil, jamais defenderia a volta de uma ditadura militar no Brasil.

"*Seja como for, certamente aquele parecia ser o 'tira bom'*", *eu pensava.*

ADVOGADO 1: Nós podemos ter acesso às investigações?

DELEGADO: Sim, podem, não hoje, mas depois podem marcar e virem aqui, tirar cópias. O material não está organizado, eu tenho algo aqui que os senhores podem dar uma olhada já.

O delegado passa umas duas pastas para os meus advogados, com os depoimentos colhidos até então, eu olho um pouco de rabo de olho, não sei se eu mesma posso ver aquilo, mas identifico os cartazes do Grupo de Estudos Anarquistas Maria Lacerda de Moura, do qual faço parte, entre os papéis. São muitos cartazes, prints *da nossa página no Facebook, panfletos do Ação Direta em Educação Popular, que é o movimento social no qual participo. Muitas das nossas atividades públicas estavam ali, catalogadas. A gente imagina que isso acontece, sabe que pode acontecer algo neste sentido, mas ainda assim é surpreendente que eles percam tanto tempo conosco.*

Outro policial entrou na sala para fazer papel de escrivão. Meus advogados combinam de ver as pastas com calma um outro dia. A partir de então tudo que dizemos passa a ser digitado. As perguntas começam:

DELEGADO: A senhora estava presente na UERJ no dia 28/05/2015?

CAMILA JOURDAN: Sim, eu estive lá mais cedo, dei aula, depois tive algumas reuniões de orientação com estudantes. No início da tarde tentei ir até a sala do ADEP (Ação Direta de Educação Popular), que é o pré-vestibular comunitário vinculado a um projeto de extensão da UERJ que coordeno, na Mangueira. No caminho, eu me deparei com as remoções, muita violência policial, senhoras e crianças machucadas, gás por todo lado, casas sendo derrubadas. Cheguei a parar um pouco, mas como havia uma manifestação começando, eu não podia ficar no local, tenho uma medida restritiva que me impede de estar presente em manifestações. Eu retornei à UERJ e vi quando a manifestação chegou lá no início da noite.

DELEGADO: O que aconteceu naquele dia na UERJ?

CAMILA JOURDAN: Os seguranças da UERJ não deixaram entrar as pessoas que pretendiam se refugiar do Choque dentro da Universidade. As portas da Universidade foram fechadas e as pessoas ficaram encurraladas entre o Choque e os seguranças, que usaram mangueiras de água para dispersar a manifestação. Isso foi o que consegui ver da janela.

DELEGADO: A senhora viu ou sabe quem quebrou as vidraças da UERJ?

CAMILA JOURDAN: Por mais que os manifestantes arremessassem coisas nos seguranças, eles não teriam condições de quebrar uma vidraça daquelas. As vidraças foram quebradas pela força da água das mangueiras dos próprios seguranças. Existem vídeos na internet mostrando isso inclusive. É inútil tentar acusar os estudantes ou os moradores da favela, a quantidade de imagens da violência por parte da segurança da UERJ é muito grande, inclusive agredindo estudantes, existem várias imagens desta violência na internet. Eu fico pensando que isso sim deveria ser investigado, apurado melhor, sabe?

DELEGADO: Alguma vez a senhora defendeu publicamente, em alguma aula ou palestra, o uso da violência como arma política?

Neste momento minha vontade era dizer "defina violência". Mas eu não podia me arriscar diante de alguém que estava me investigando e que certamente poderia usar isso contra mim, não poderia parecer que eu incitava o crime em qualquer sentido.

CAMILA JOURDAN: Não, jamais.

DELEGADO: A senhora nunca defendeu ações violentas em manifestações, em nenhuma aula, em nenhuma palestra?

Um dos advogados intervém pedindo esclarecimento sobre a pergunta, sobre o que ela contribui para as investigações em curso. Eu fico em silêncio, tenho claramente a impressão de que ele tem algum áudio meu que está interpretando com esta pergunta, por isso parece estar tão certo sobre alguma coisa. Lembro-me de que estudamos o texto Como a não-violência protege o Estado *recentemente em nosso Grupo de Estudos. Me ocorre então dizer alguma coisa.*

CAMILA JOURDAN: Olha, eu dou aulas teóricas, nós discutimos textos, debatemos argumentos, nesse espaço é preciso ter liberdade para refletir sobre a realidade e considerar vários pontos de vistas, claro que muita coisa pode ser mal interpretada, mas não é possível que eu fique em sala de aula pensando no que podem dizer sobre as ideias que estamos debatendo na polícia porque isso acabaria com o meu trabalho.

DELEGADO: Qual a sua ideologia? A senhora é comunista, é anarquista?

CAMILA JOURDAN: Bom, isso é público, eu sou anarquista.

DELEGADO: O que defende um anarquista?

CAMILA JOURDAN: O senhor não acha estranho que em 2016 eu esteja sendo intimada a prestar esclarecimentos sobre minha ideologia política na polícia? E falo isso até porque o senhor disse que jamais seria a favor da volta da ditadura.

DELEGADO: Não, mas a senhora não está prestando esclarecimento sobre isso, eu estou te perguntando isso porque tenho curiosidade mesmo. Eu gostaria de entender melhor do assunto, eu me interesso muito por Filosofia. E eu estudei a teoria do Estado em Hobbes, então eu fico querendo entender como pode haver sociedade humana sem contrato social?

CAMILA JOURDAN: Bom, eu não estou aqui exatamente conversando com o senhor por livre e espontânea vontade, não é mesmo? Eu fui intimada para estar aqui, então todas estas perguntas fazem parte de uma investigação policial e minhas respostas estão sendo digitadas, não é como se eu estivesse falando livremente em uma conversa ou em uma aula.

Mas, ok, o anarquismo defende exatamente o oposto de autores como Hobbes e outros teóricos do Estado, no sentido de que defende que pode sim haver sociedade sem Estado, porque a organização social pode se dar de baixo pra cima, diretamente entre as pessoas, partindo de células sociais, que seriam federalizadas. Neste sentido, a existência do Estado não é condição necessária para haver organização social, ao contrário, o Estado é que suporia a sociedade e esta poderia então se organizar sem ele.

DELEGADO: Mas, de qualquer modo, o anarquismo defende então o fim do Estado, certo? Ora, se vocês querem que o Estado seja destruído, como vocês esperam que isso vai ocorrer sem o uso da violência?

Os advogados me interrompem e um deles responde por mim.

ADVOGADO 2: Esta é uma visão muito limitada do anarquismo, preconceituosa e do início do século, achar que todo anarquista defende e/ou faz uso da violência. É uma visão que equaciona anarquista com terrorista e por isso criminaliza.

Os anarquistas hoje acreditam na modificação social principalmente por meio da educação. É isso que a Camila faz, ela participa de um grupo de educação que tem um trabalho na Mangueira, um trabalho que mostra como este tipo de organização de baixo pra cima é possível, porque defende e usa a educação libertária.

CAMILA JOURDAN: Sim, a educação pode ser uma arma de modificação social, nós defendemos isso, e acreditamos também que toda mudança tem que ser orgânica, a sociedade tem que estar organizada em células sociais autônomas de baixo pra cima, isso para poder chegar a pensar em derrubar o Estado. Fomentar este tipo de organização é uma das principais tarefas de uma militância anarquista hoje.

DELEGADO: A senhora alguma vez viu comércio de drogas no Centro Acadêmico da Filosofia ou algum outro local do nono andar?

CAMILA JOURDAN: Olha, isso é um absurdo sem tamanho...

DELEGADO: Mesmo sendo um absurdo eu tenho que te perguntar.

CAMILA JOURDAN: Como professora, eu não sou frequentadora do Centro Acadêmico de Filosofia, mas não, eu nunca vi comércio de drogas no nono andar.

ENTREVISTAS

Uma líder fabricada[*]

ACUSADA DE ARTICULAR ATOS VIOLENTOS,
PROFESSORA DIZ QUE INQUÉRITO É FICÇÃO

Por 13 dias, a professora universitária Camila Jourdan, 34, permaneceu em uma cela no complexo penitenciário de Bangu, na zona oeste carioca. Ela é uma das protagonistas do inquérito com mais de 2.000 páginas, produzido pela Polícia Civil do Rio, que, sob classificação de "quadrilha armada", responsabiliza 23 pessoas pela organização de ações violentas em protestos.

"Do pouco que li, posso dizer que esse processo é uma obra de literatura fantástica de má qualidade", definiu Camila, em entrevista à Folha, no sábado (26), dois dias após conquistar sua liberdade provisória.

Ela cita o teórico do anarquismo Mikhail Bakunin, ao falar sobre a fragilidade do inquérito. Em mensagens interceptadas pelas polícia, Bakunin era citado por um manifestante e, a partir daí, o filósofo russo, morto em 1876, passou a figurar nos autos como potencial suspeito.

Por volta de 6h de 12 de julho, véspera da final da Copa, três policiais civis invadiram o apartamento da professora, que estava acompanhada pelo namorado, Igor D'Icarahy, 24, com mandados de prisão contra ambos.

---

[*]. Matéria publicada em 28/07/2014, na *Folha de São Paulo*.

De acordo com o inquérito, os agentes encontraram uma garrafa com gasolina, uma bomba de fabricação caseira e outra conhecida como "cabeção de nego". Em diálogos grampeados, Camila faz referências a "livros" e "canetas", que, segundo os investigadores, seriam respectivamente coquetéis molotov e rojões.

Camila se recusou a falar sobre provas contra ela por orientação de Marino D'Icarahy, seu advogado e pai de Igor, que diz que as provas foram plantadas pela polícia.

LÍDER «FABRICADA»

Às referências constantes a seu nome no inquérito, Camila atribui uma razão: "existe uma necessidade de se fabricar líderes para essas manifestações. E quem se encaixa muito bem no papel da mentora intelectual? A professora universitária. Cai como uma luva, entende?"

Na Universidade do Estado do Rio de Janeiro (UERJ), Camila Jourdan sempre foi associada à excelência acadêmica. Um currículo "invejável", segundo um diretor da UERJ. Formada em filosofia, concluiu o doutorado pela PUC-RJ, com direito a um período de estudos na Universidade de Sorbonne, em Paris. Sua tese foi sobre a obra do filósofo Ludwig Wittgenstein.

"É uma excelente pesquisadora que se destacou por um trabalho original e muito sério", avalia Luiz Carlos Pereira, seu orientador nas teses de mestrado e doutorado.

De família da zona norte, Camila é neta de general. Seu pai morreu de câncer, quando era adolescente. Solteira, conta com o apoio da mãe para criar a filha, de 12 anos.

Classificada em primeiro lugar na seleção de professores da UERJ em 2010, ela atualmente é coordenadora do curso de pós-graduação em filosofia. Diz não gostar da burocracia inerente ao cargo. Prefere a sala de aula.

Ao longo da entrevista, manteve o mesmo tom de voz, sem alterações dramáticas. Conduz sua narrativa de forma didática, com ironia, e pontua a argumentação com perguntas ao interlocutor.

A professora recorre ao filósofo francês Michel Foucault para explicar que sua formação acadêmica está dissociada de sua participação na OATL (Organização Anarquista Terra e Liberdade) e na FIP (Frente Independente Popular), grupos acusados no inquérito de promover ações violentas em protestos.

"Foucault diz que os intelectuais descobriram que as massas não precisam deles como interlocutores. Não tenho autoridade para falar sobre a opressão de ninguém. O movimento não precisa de mim para este papel".

Camila credita à FIP o mérito de tirar das manifestações do Rio a influência dos militantes de direita e dos partidos de esquerda.

Define-se como anarquista. Começou a se interessar na adolescência. "Eu gostava muito de Raul Seixas e descobri que ele era anarquista. Ali decidi começar a ler sobre o assunto." Aos 14 anos, saía para distribuir panfletos pregando o voto nulo. Sua estreia em protestos de rua foi no fim da década de 1990, época das privatizações do governo de Fernando Henrique Cardoso.

O desempenho do governo Luiz Inácio Lula da Silva reforçou suas convicções: "O Lula era visto como a esperança de mudança e fez um governo à direita. Esfregou na cara das pessoas aquilo que os anarquistas sempre disseram: não adianta você mudar as peças do jogo se o problema é o jogo."

Ela considera o processo eleitoral "viciado", incapaz de provocar alguma modificação social ou política. "A participação política não pode se resumir a um objeto de consumo. Mandam o eleitor comprar um candidato. O ser humano precisa de participação política real e permanente. Nós fizemos isso nas manifestações e nos trabalhos de base, com movimentos sociais e assembleias populares", afirma.

Atribui as ações violentas dos manifestantes a uma resposta à truculência policial. "Existe o direito à legítima defesa". Rechaça a tese de que a baixa adesão às manifestações recentes se deve à violência e aponta a maior conquista neste processo.

"Ninguém em sã consciência achou que junho representava um momento revolucionário. Foi importante no sentido do empoderamento da população. Isso nem esta tentativa de criminalização pode tirar. Está feito. Neste aspecto, a gente já ganhou."

Camila analisa a possibilidade de perder e ser condenada: "Tenho receio do que pode acontecer porque sei que não vivemos em uma sociedade justa. Não acredito neste Estado como um Estado democrático. Se acontecer [a condenação], ao menos, não vou me decepcionar neste sentido".

Censura e perseguição política[*]

JUSTIÇA PROÍBE ATIVISTA DE VIR A DOURADOS

CAMILA JOURDAN PARTICIPARIA DE EVENTO QUE ACONTECE NA UFGD, NO ENTANTO, A VIAGEM DA DOCENTE FOI PROIBIDA

Censura. É assim que a professora Camila Jourdan, doutora em Filosofia e coordenadora de pós-graduação na Universidade Estadual do Rio de Janeiro (UERJ), define a decisão judicial que a impediu de viajar ao Mato Grosso do Sul para participar de um evento da Universidade Federal da Grande Dourados (UFGD), onde seria uma das palestrantes.

Na próxima sexta-feira, a docente ingressaria no "IV Encontro de Integração: Dias de História", palestrando sobre o tema "Jornadas de Junho, Perseguições Políticas e Anarquismo Hoje". Na oportunidade, ela relataria as experiências que teve ao longo de sua carreira acadêmica e de suas ações como ativista, incluindo todo o processo que acarretou em sua prisão.

Durante a Copa do Mundo no Brasil ela acabou detida com outros ativistas por protestos contra os gastos do Governo Federal com o Mundial. Ela conseguiu habeas corpus e vai responder pelo processo em liberdade. Em uma publicação no Facebook, Jourdan relatou que a justiça a proibiu de viajar por considerar que "a atividade de dar palestras não é essencial ao exercício de sua atividade profissional". "Como assim?", questionou.

---

[*]. Matéria publicada em 05/09/2014, no jornal virtual *O Progresso*.

Ela alega estar sendo alvo de censura. "Mais um absurdo sem precedentes. Acabo de ser censurada. [...] O que a sociedade tem a dizer sobre isso? Esta censura precisa ser denunciada! Peço a todos que denunciem isso em todos os meios que tiverem acesso. Querem nos calar!".

CONFIRA A POSTAGEM COMPLETA DA PROFESSORA

*Mais um absurdo sem precedentes. Acabo de ser censurada. O juiz responsável pelo caso indeferiu meu pedido de ir a Dourados-*MS*, dar uma palestra no* IV *Encontro de Integração: Dias de História, na* UFGD*. A justificativa do magistrado é que a atividade de dar palestras não é essencial ao exercício da minha atividade profissional. Como assim?!? Eu sou uma professora universitária, o programa de pós-graduação em Filosofia da* UERJ *é avaliado inclusive levando em conta minha produtividade acadêmica... Além disso, houve financiamento público para possibilitar minha ida, a decisão do juiz, dois dias antes da palestra, com hospedagem paga, passagem, refeições, gera prejuízo ao dinheiro público. O que a sociedade tem a dizer sobre isso? Esta censura precisa ser denunciada! Peço a todos que denunciem isso em todos os meios que tiverem acesso.*

Anarquismo, sistema prisional e crise da representação*

LE MONDE: *Junho e os meses na sequência deram visibilidade a uma série de movimentos de lutas diretas organizadas por movimentos autogestionários, horizontais e, portanto, desvinculados de projetos partidários. Em contrapartida essas organizações foram duramente criticadas pela esquerda tradicional. Por que isso acontece? E em que medida isso colabora com a criminalização destes movimentos?*
CAMILA JOURDAN: Creio que isso acontece porque a esquerda tradicional viu que a grande crise de representatividade que junho [2013] trouxe à tona na nossa sociedade, a grande recusa da população aos métodos institucionais e ao burocratismo da esquerda partidária, bem como a demanda por participação política direta, a levaram a perder espaço, a perder o que para eles é um nicho de mercado eleitoral, que canaliza a luta política da sociedade para os fins da disputa nas urnas. Partidos de esquerda lançaram notas se desvinculando e criticando a ação dos anarquistas, alguns ajudaram mesmo a criminalizar e entregar pessoas para a polícia.

---

*. Entrevista concedida ao *Le monde diplomatique*, em 24/10/2014.

De fato, toda luta não cooptável, não assimilável institucionalmente é transformada sistematicamente em crime, em quadrilha. Há uma disputa por terreno, para canalizar a luta concreta, direta, da população para fins eleitorais, para os fins que são controláveis, e nisso esquerda, direita e agentes do Estado revelam seu ponto comum. Desde o policial e do político, passando por intelectuais acadêmicos, pela mídia oficial, pelo inquérito, todos devem compartilhar as mesmas conclusões: "irracionais, bandidos, anarquistas, baderneiros, vândalos, arruaceiros, desprovidos de ideologia..." palavras que têm efeitos muito concretos, pois privam a ação coletiva de toda credibilidade política ao mesmo tempo que legitimam e estimulam a repressão policial e a perseguição política. De fato, eu tenho cada vez mais visto que este processo de criminalização e perseguição se coloca contra a auto-organização da sociedade, é um processo do Estado, suas instituições e seus agentes, contra a sociedade.

Como você observa a construção da sua imagem e destes movimentos como inimigos da sociedade?
Então, há um esforço muito grande para transformar toda auto-organização da sociedade em quadrilha e, nesta medida, os anarquistas são tomados como os maiores inimigos, justamente pelo seu caráter não cooptável pela máquina do Estado. E nós somos sim inimigos do Estado, mas não inimigos da sociedade. Esta diferenciação é muito importante, a sociedade não é o Estado. De fato, o Estado se coloca no direito de dar uma unidade abstrata à sociedade, nem que, para isso, se volte contra a sua auto-organização concreta. Há um grande esforço no inquérito para transformar organizações políticas não-eleitorais em quadrilhas. Trata-se de um esforço discursivo, interpretativo das nossas práticas e ideologias. E o que se pretende recusar com isso é o direito à auto-organização da sociedade sem ser para fins eleitorais. O inqué-

rito chega a dizer que "a organização não eleitoral se afasta do viés político-ideológico legítimo em nosso sistema democrático". Então, há um viés político-ideológico que não é legítimo, e este é, principalmente, o viés anarquista. Não é exagero quando dizemos que o anarquismo e, mais ainda, toda organização direta da sociedade civil é o que se pretende impedir, é o que será transformado em crime, se formos de fato condenados. Tanto é assim que um grupo de educação popular, que organiza alfabetização para jovens e adultos e pré-vestibulares, é identificado como "uma iniciativa louvável dos anarquistas, mas que é na verdade uma fachada para treinar jovens para a luta armada". Existe um construto hermenêutico capaz de fazer organizações sociais e políticas serem lidas como quadrilhas armadas. E nos é fundamental pensar quais os passos que permitem esta passagem.

Sobre os anarquistas, o inquérito é textual ao dizer que "a delinquência política de viés anarquista é a mais insidiosa e a que precisa ser mais fortemente combatida. Ela é ideológica, age de modo dissimulado e sorrateiro, instrumentaliza os demais agentes violentos, infiltra-se e coopta movimentos sociais, apodera-se dos focos de insatisfação difusos na sociedade para manipulá-los segundo as conveniências de seu interesse político".

O anarquismo é tomado como pior do que a violência como fim em si, que por sua vez é tomado como pior e mais perigoso do que o uso da violência para conseguir algo pontual, que pode até ser atingido, contemplado, negociável. Por que devemos ser fortemente combatidos? A insatisfação sistêmica, a recusa dos meios tradicionais, a impossibilidade de se negociar, tudo isso contribui para que o anarquismo, enquanto proposta de organização direta da sociedade, seja fortemente criminalizado. Para mim está claro que o que amedronta é nossa horizontalidade e o nosso caráter não-institucional. Afinal, é todo um modo de vida que se recusa, não há um reformismo, uma reivindicação pontual que pudesse ser simplesmente atendida, mantendo-se toda a estrutura como está. Então não há como deter tal insatisfação sistêmica. Isso, que foi em tantos momentos razão para que o movimento fosse acusado de falta de foco, de utopia, é sua força e sua identidade. O que nos leva a ser criminalizados é estarmos demandando modificações reais, radicais, que não podem ser concedidas por uma reforma, sem uma mudança de baixo para cima igualmente concreta.

Então o que preocupa o sistema não é a delinquência vazia, não é não sabermos pelo que lutamos, como se repete no discurso midiático, é justamente o que temos de mais consciente, mais ideológico e que não é passível de ser atingido ou corrompido. E se somos nós, os anarquistas, aqueles que devem ser mais fortemente combatidos, como dizer que isso não é político-ideológico, ou mesmo que demandamos mudanças impossíveis? Não se persegue mais fortemente um grupo político do que supostos criminosos comuns se não se toma tal posição política como uma clara ameaça em si mesma; não para a sociedade, que é impedida de se auto-organizar, mas pela estrutura estatal que parasita atualmente esta sociedade. Fato é que podemos criar uma nova sociedade sob fundamentos distintos da atual. É a sociedade organizada que tem legitimidade para isso, acima de qualquer coisa, mesmo que a repressão estatal insista em nos criminalizar, é da sociedade que emana todo poder e isso é fundamento inclusive do que se entende por democracia, embora não vivamos em uma sociedade realmente democrática, já que o poder do povo é contraditório com o poder do capital.

De todas as prisões durante os protestos, apenas Rafael Braga Vieira foi condenado e cumpre pena de prisão. Como você observa esta situação?

A condenação de Rafael Braga foi mais um capítulo da reação ao que significou junho do ano passado, um capítulo com uma mensagem clara: poder para o povo não haverá. Não há dúvida de que jamais houve democracia real, de que a maior parte da população, negra e pobre, vive sob a opressão da violência do Estado, da intervenção militar, dos grupos de extermínio, da milícia, da arbitrariedade da instituição absolutista que é a polícia (que se autolegisla, julga e executa). No período da Ditadura Militar, a tortura e a violência policial foram "democratizadas" com a chamada "classe média", isso deu visibilidade à violência do Estado. Mas quando a supressão de direitos volta a ficar restrita às camadas excluídas, finge-se que ela não existe.

Hoje, quando a violência do Estado atinge as elites ou a chamada classe média, chama-se "Estado de exceção". Para falarmos em Estado de exceção seria necessário dizer que vivemos em uma democracia, mas este não é o caso. Esta não é, nem jamais foi, a exceção nas favelas. Nós não lutamos contra a suposta exceção, nós pretendemos combater a regra, isto é, este sistema falsamente democrático. O Estado se recrudesce, mostra sua cara e se volta mesmo contra as camadas incluídas da população sempre que estas apoiam a luta dos excluídos, lutam ao lado destes e denunciam a violência contra eles. O Estado sempre estará pronto para punir exemplarmente quando este for o caso. Mas o importante é que permaneça um silêncio conivente da maior parte da sociedade ao terrorismo imposto pelos agentes estatais, e do poder econômico que estes representam, às camadas excluídas.

É extremamente sintomático desta situação e expressivo desta sociedade em que vivemos que, quando o povo foi às ruas exigindo poder ao povo, quem tenha permanecido preso e condenado seja negro, pobre e morador de rua. É a resposta punitiva que o Estado quer dar, ressaltando que, aconteça o que acontecer, o Estado e o poder permanecerão nas mãos das elites e não do povo. Nós estamos sendo criminalizados por defender o poder do povo. Sim, nós fomos perseguidos, presos, estamos impedidos de nos manifestar e talvez sejamos condenados, esta é a exceção. Toda sorte de arbitrariedade e manipulação foi usada contra nós para que isso fosse possível. Mas existem muitos a quem a voz é permanentemente negada de muitos modos. Que quem permaneça encarcerado seja hoje um morador de rua é a regra, quando o que se pretende evitar antes de tudo é o poder do povo. Nós lutamos pela igualdade, em princípio, sabendo da desigualdade que há, de fato. Para que nossa luta não signifique tão somente nossa criminalização, nosso próprio silenciamento e banimento, é preciso que ela continue sendo a luta da sociedade em geral.

Você acredita que todo preso é um preso político ou existe diferença entre a criminalização de uma atividade política e das camadas mais pobres da sociedade?
Debatemos isso ontem na Faculdade Nacional de Direito. Existe, claro, uma distinção jurídica relativa à motivação, se a motivação do crime foi ou não política. Mas eu creio que temos que perguntar antes de qualquer coisa "o que é política?", até para saber se podemos distinguir tão claramente o que são motivações políticas. Em uma sociedade desigual e excludente como a nossa, é evidente que toda prisão tem uma irredutível dimensão política. Mesmo que ao sujeito preso não possa ser atribuído motivações conscientemente políticas, o que o leva a ser preso e assim permanecer são motivações relativas às exclusões inerentes à nossa sociedade. E, em grande medida, o que o leva a cometer o crime, também, já que somos seres sociais. Quem é preso de fato? Quem atenta contra a propriedade privada, mais de 80% de negros e mulheres das favelas. Como dizer que isso não é político? A prisão é uma arma da exclusão social e é também um grande comércio. O criminoso

padrão precisa ser fabricado pelo sistema carcerário como tal, até para manter a população com medo e justificar a existência dos agentes armados do Estado. Eu me pergunto, em que sentido do termo "político" isso não seria político?

O contraexemplo de plantão em uma discussão como esta é o do estupro. As pessoas perguntam: e o estupro, também é político? Primeiro, que a maior parte da população carcerária não é composta por estupradores, mas sim, como já disse, por pessoas que atentam em algum sentido contra a propriedade privada. Depois, existem muitos modos de se lidar com o estupro. O estupro não é algo natural às sociedades humanas, capaz então de, para ser banido, justificar nosso sistema carcerário. Nem é nosso sistema carcerário a única maneira de se lidar com condutas com estas, tampouco a mais eficaz. O problema é que nós temos uma cultura do estupro, que naturaliza a objetificação da mulher, que culpabiliza a vítima. É uma cultura permissiva ao estupro, permissiva a toda violência contra a mulher, das quais o estupro é a forma mais aguda, mas nós vivemos em uma sociedade na qual as mulheres são abusadas diariamente nos transportes públicos, expostas nos jornais, humilhadas na TV, por isso somos uma sociedade na qual o estupro faz sentido relativo, como ação aceitável. A partir disso, usar o estupro como um crime inevitável e que, não sendo político, legitima o sistema carcerário, é má intenção argumentativa. O problema é que o sistema carcerário foi naturalizado como única maneira de se lidar com o crime, qualquer que seja, quando, de fato, ele mesmo é o grande responsável por fabricar os crimes que supostamente deveria combater e também por instituir uma série de condutas outras, tanto ou mais execráveis do que aquelas condutas que supostamente deveria punir. Fato é, em todo caso, que o encarceramento não é desde sempre o modo padrão de se lidar com o crime, isso é algo que surge historicamente, na modernidade, e que também pode ser modificado, o problema é que atualmente as pessoas não veem outras alternativas. Quem analisa isso muito bem é Foucault, no *Vigiar e Punir*. Lugares como Bangu não deveriam existir, nada justifica que um ser humano possa dispor da existência de outro ser humano daquela maneira, apenas um grande terrorismo psicológico e muita manipulação de informação permitem que a sociedade continue legitimando a existência de espaços como aquele. E isso é totalmente político.

Não existe governo de esquerda*

DIÁRIO DO CENTRO DO MUNDO: *Há quantas eleições você não vota e por quê?*

CAMILA JOURDAN: Como sou anarquista desde muito jovem, meu posicionamento sempre foi o voto nulo. Admito que na primeira eleição que o Lula venceu, eu também votei nele, não que tivesse deixado de acreditar no mesmo que ainda acredito hoje, mas como não estava muito ativa politicamente naquele momento, achei na época que era o máximo que podia fazer. Mas não me decepcionei totalmente, pois já sabia das limitações da via institucional. Mais importante do que o "não vote" é, sem dúvida alguma, o lute, o organize-se. Os anarquistas defendem o "não voto" ou o voto nulo como ação política refletida, é uma consideração sobre a impossibilidade da via institucional trazer as mudanças que buscamos e, ao mesmo tempo, sobre o equívoco envolvido no peso que se coloca nesta disputa. Porque a eleição canaliza as vias de ações políticas concretas e faz parecer que a participação política democrática se resume a votar. Esta canalização é extremamente nociva. Se pensarmos o que houve nas últimas décadas no país, veremos que a chegada de um partido de esquerda ao poder não fortaleceu a esquerda, mas a fez recuar nos espaços de luta concreta e organização. Foi isso que ocorreu com o MST, por exemplo, que recuou a luta no campo com o PT ocupando a presidência. Foi isso que ocorreu também recentemente com as greves da

---

*. Entrevista concedida ao *Diário do Centro do Mundo*, em 31/10/2016.

educação em 2016, que foram entregues para que os partidos que aparelham os sindicatos pudessem se dedicar melhor à campanha eleitoral. E estou dizendo isso para citar dois exemplos apenas.

O que ocorre no geral com as eleições é uma inversão dos meios pelos fins, ganhar a disputa se torna um fim em si, e, com isso, se perde aquilo que é de fato importante. Tenta-se alcançar o poder, quase sem se notar que este mesmo poder, nos moldes em que se encontra, é incapaz de gerar as mudanças estruturais que desejamos e que só poderá ser usado em favor das classes e elites dominantes. Então, para alcançar o poder, pela disputa, o partido, o candidato de esquerda se transforma naquilo mesmo que pretendia combater, não por um problema de princípios particularmente deste ou daquele, mas por uma questão estrutural. O que aconteceu com o PT não é próprio ao PT, é inevitável, é meio fatalista dizer isso, mas basta fazer as contas, o PT de hoje é o PSOL de amanhã. E esta história eleitoral se repetirá assim indefinidamente porque é preciso ter um partido para canalizar um "público alvo" que de outro modo poderia realmente se tornar perigoso ao sistema.

Daí que esvaziar o sentido da via eleitoral, e da via institucional no geral, é uma ação política extremamente importante. Não há superação do paradigma da representação sem esvaziamento deste paradigma. Estes partidos canalizam um "nicho de mercado", eleição é mercado, é sociedade de consumo dominando a atuação política e tornando-a controlável, vendível. Vence quem é vendível, e o que é vendível já está dentro da lógica dominante. Vende-se um produto, uma imagem, pois isto que é a representação, nada além de uma imagem. A política concreta é outra coisa. Obviamente é uma imagem que não representa nada, pois não existem mecanismos de consulta e participação direta, só existiria representação de algo se houvesse um âmbito de apresentação direta da sociedade. Mas as pessoas em geral simplesmente não atuam politicamente, então eleição é espetáculo, no sentido de Guy Debord mesmo, é uma representação sem representado. O espetáculo é diametralmente oposto à ação direta, é a doença da representação porque é a representação sem representado, mas não existe paradigma da representação sem a sua doença, isto é, sem o espetáculo, sem as imagens valendo mais que a realidade concreta. É preciso notar ainda que o discurso eleitoral tem que ser um discurso de apaziguamento de classes porque se trata de ganhar a opinião pública tal como aí está, com todo o senso comum manipulado pela discurso dominante, e eleição não é formadora, não é educativa, não é "trabalho de base", o político não educa o eleitorado, ele quer ganhá-lo com todos os seus preconceitos, quer convencê-lo, quer se vender como um produto no mercado. Para isso, ele vai necessariamente recuar. O medo de perder voto faz com que os candidatos sejam nivelados com poucas diferenças, o que difere é só uma imagem superficial, jamais a prática concreta que é determinada por outros fatores. O próprio discurso vai sendo esvaziado, até que os candidatos todos se parecem, porque eles querem agradar o mesmo público. Devem, portanto, parecer inócuos e, acima de tudo, para governar, precisam fazer alianças e responder aos que realmente controlam as instituições, não ao povo.

Em algum momento pode ser necessário votar para tentar evitar o pior? Digamos Donald Trump, fanáticos religiosos...
Eu realmente entendo quem tem este medo, é um equívoco fácil de se cometer. Creio que esta ideia deriva em máximo grau ainda do peso que as pessoas colocam no processo eleitoral e na via institucional. Mas existem lutas concretas acontecendo todos os dias, a troca de políticos ocupando cargos e o parlamento não é toda a vida política de uma sociedade, e não é o mais importante, funda-

mentalmente não é o que faz a diferença. Não foi por meio disso que algum direito foi conquistado, nenhum salvador deu algum direito de presente ao povo, esta é uma ilusão muito nociva. Ao lado disso, há o discurso do medo: temos que votar em tal candidato porque de outro modo algo terrível vai acontecer. Este discurso é feito pelos dois lados, sempre. "Tenham medo, votem em alguém para evitar uma catástrofe. Tenham medo, escolham um senhor para proteção". Ora, as coisas já estão péssimas, muito terríveis mesmo. Não é o voto que vai evitar uma catástrofe maior, a catástrofe está posta, ela é conjuntural, ela é a fase atual do capitalismo, ninguém vai nos salvar, é preciso colocar peso nas lutas que acreditamos, e é preciso não ter medo também para focar no que pode mudar as coisas realmente.

A descrença na democracia representativa por parte da esquerda não contribui para que a direita vença nas urnas com mais facilidade?
É a acusação que nós mais sofremos. "Se vocês votassem, nós ganharíamos as eleições". Nós quem?! E aqui eu gostaria de dizer: "a César o que é de César! Quando vocês ganham as eleições, já não são mais de esquerda". Sabe aquela famosa citação do Deleuze? "Não existe governo de esquerda porque a esquerda não tem nada a ver com ser governo". Eles acham que, se votássemos, a esquerda ganhava. Nós achamos que se a esquerda institucional deixasse de gastar tanto tempo, energia e dinheiro tentando ganhar e legitimar este processo, se não entregasse todas as lutas de base, todas as greves e seus próprios princípios tentando ganhar isso (que já está perdido de saída), e se investisse este tempo, esta energia e este dinheiro na luta concreta e na organização popular, na criação de comunas autônomas, não haveria direita que conseguisse nos governar. Pois é claro que se pode ganhar e não levar, pois as lutas são diárias, são concretas, são nos espaços de

base de construção da sociedade. E tanto mais fortes quanto menos institucionais.

Um governo mais à esquerda não pode ajudar a fortalecer a luta social?

Eu acho que de certa forma já respondi isso. Pode inclusive enfraquecer, como já ocorreu com a chegada do PT ao poder em vários aspectos, porque a função do PT para as elites era justamente conter as lutas sociais por dentro, levando a luta para algo palatável, aceitável, negociável. Se se quer parar um partido de esquerda com profunda inserção social, torne-o governo. Foi esta fórmula que foi usada no caso PT, porque a partir de então ele saiu da oposição e teve que responder aos esquemas postos dentro da máquina estatal. E em face disso, há um limite muito grande para o que se pode fazer, pois não se pode desestabilizar o governo. Manter a máquina funcionando e a satisfação equilibrada das diversas forças políticas que ocupam lugares de poder na sociedade exige cautela.

Assim, o funcionamento da máquina e a manutenção das alianças para o próximo processo eleitoral engessam e se tornam um fim em si. Entendemos o governo como um parasita: você não se mobiliza para ocupar o lugar de um parasita, você se mobiliza para acabar com ele. Isso não significa esperar que piore e achar que "quanto pior, melhor" porque, supostamente, isso poderia levar as pessoas a se revoltarem mais. Isso é um discurso privilegiado, quanto pior, pior mesmo, nossa questão aqui é sobre o que realmente pode fazer melhorar. Tivemos 14 anos de um governo dito de esquerda e isso não fortaleceu a luta social. O PT foi terrível para a luta no campo, não fez sequer a reforma agrária prometida, foi terrível também para os indígenas, para quilombolas, engessou os sindicatos nos quais tinha inserção, apoiou as UPPs nas favelas, paralisou o MST, criminalizou os movimentos sociais, inclusive assinando a lei anti-terrorismo... Serviu sim para calar os movimentos sociais e colocá-los à serviço de um projeto de manutenção do poder como um fim em si mesmo.

Seria impossível governar contra os interesses do chamado 1%, a favor de 99%?

Vamos pensar como seria isso. Primeiramente esta pessoa teria que se eleger e, portanto, sua companha teria que ser financiada por quem tem dinheiro, no geral, grandes corporações que investem no processo eleitoral como modo de manterem-se exercendo o poder. Mas, digamos que houvesse um candidato que não fosse assim financiado não sendo engessado pelos mantenedores do sistema. Ainda assim, ele teria que agradar a opinião pública manipulada pelo monopólio dos meios de comunicação que servem à classe dominante. Candidatos de esquerda "paz e amor" jurando respeito à sacrossanta propriedade privada e dizendo que vão "governar para todos" não são acasos. Mas digamos que ele simplesmente não dissesse a verdade e pretendesse, mesmo, após se eleger, realmente colocar pouco a pouco em curso uma política contrária aos interesses da classe dominante. Bom, ainda haveriam as alianças, os esquemas, toda a estrutura corrompida na qual ele estaria inserido e em relação a qual precisaria responder e ficaria amarrado. Por outro lado, digamos que ainda assim ele representasse em algum momento uma perda real para os banqueiros e aqueles que detém o grande capital. Houve um outro momento histórico no qual isso realmente ocorreu, podemos lembrar aqui de Salvador Allende. Você acredita que eles diriam o que? "Ah, ok, vamos aceitar nosso prejuízo porque afinal ele foi eleito por um sistema democrático"? Disseram isso para Allende? Obvio que não, tal personagem imaginário seria deposto ou morto. Não existe real democracia, os donos reais do poder não têm qualquer problema em usar a força e suspender a aparência de Estado democrático sempre que é necessário, usando todos os meios necessários para isso, a exceção é regra na nossa sociedade, a aparência de democracia serve apenas para manter os 99% acreditando que têm real participação política. Votar é legitimar isso, é assinar embaixo desta farsa. A tragédia do PT encena, do particular para o geral, a tragédia da via institucional, ser vendido, corrompido, esvaziado e depois jogado fora por não servir mais aos interesses dominantes. Não precisamos encenar esta tragédia novamente.

Quais ações políticas considera mais importantes que o voto nesse momento?

As ações políticas concretas que considero importantes, mais importantes que o não-voto, são as ações de auto-organização coletivas nas células da sociedade e as ações de mobilização. Isso inclui as ocupações de escolas, as greves levadas pelas bases das categorias, as manifestações de rua, as assembleias de bairro, a criação de espaços autônomos e a criação de redes de apoio mútuo entre estes espaços. Tratam-se de ações que carregam os princípios da sociedade que defendemos, que não esperam que alguém faça por nós; pressionam o governo também, mas pressionam pela ação direta, pelo já fazer e mostrar que outro modo de vida é possível. Não se trata de esperar a sociedade perfeita, mas pela auto-organização coletiva trazer melhoras para a vida das pessoas aqui e agora, ocupando um prédio e gerando moradia popular, por exemplo, impedindo um aumento das passagens através de manifestações de rua. Quando eu digo que existe luta todo dia, não estou exagerando, todo dia estão removendo famílias, e existem resistências, todo dia a guarda está proibindo camelô de trabalhar e existem resistências, as favelas estão aí resistindo também, existe muita luta acontecendo na sociedade, no dia a dia, no micro, as pessoas podem atuar a partir dos espaços nos quais estão inseridas, podem ser agentes das resistências, podem ser fomentadores das resistências a partir de baixo, podem ajudar a construir um outro modo de vida sem precisar reproduzir de novo e de novo o espetáculo dos de cima.

E a longo prazo?
Acredito na educação libertária como arma na modificação da sociedade. Claro que não sem a construção de espaços verdadeiramente autônomos e a possibilidade de autogestão na produção e reprodução da vida. Eu diria que a educação libertária é necessária, mas não suficiente. Sem ela não temos sobre o que basear outros modos de relação, e este processo é contínuo e longo, é ele que forma as bases de um outro modo de vida. Pode começar onde você estiver porque a educação não se dá apenas nas instituições de ensino, se dá para muito além delas, e não é passível de ser destruída facilmente. Temos muitas dificuldades neste sentido porque a educação é um aparelho ideológico do capitalismo hoje em dia, os meios de comunicação e as instituições são verdadeiros monopólios neste sentido, mas importantes experiências de resistência existem também. Não é por acaso que a luta da educação é tão forte no mundo todo atualmente, e que a educação e nós professores sofremos tantos golpes do Estado. Mas acho que este seria o tema para outra entrevista.

Há tentativas de mandatos representativos coletivos pelo país, como um coletivo anarquista eleito para uma vaga na câmara de vereadores. Acha uma boa ideia?
Eu não sei detalhes sobre isso, mas toda a ideia soa muito *fake*, me lembra aquelas mercadorias industriais com um selo de "feito à mão". O que estou querendo dizer é o seguinte: me parece outra tentativa de tragar o que está fora do sistema para mais um objeto de consumo no processo eleitoral. O capitalismo é muito bom nisso, ele mata e depois vende. O que você quiser, o capita-

lismo pode te vender, menos o que não é vendível. Então, é como se ele procurasse o que pode negá-lo, construísse um *fake* palatável e vendesse no mercado. E isso é um modo de esvaziar o sentido do que realmente poderia negá-lo. O mercado pode vender tudo, menos o que nega o mercado, menos a igualdade social, por exemplo. O processo eleitoral, como uma instância do mercado, também é assim, portanto tenta tragar de modo espetacular para dentro de si o que o nega e se coloca como fora dele. Mas só pode fazê-lo, claro, por meio de uma *fake*, por meio de uma imagem espetacular daquilo que o recusa.

O que eu gostaria de dizer sobre isso é: nós anarquistas não somos mais uma opção vendível no sistema representativo, não existe gestão coletiva dentro da câmara, isso não é capaz de tornar este sistema menos ilegítimo, somos o *totalmente outro* deste sistema, não estamos aqui para disputá-lo, estamos aqui para tensionar as suas estruturas e fazê-las ruir.

Acredita que a maioria das pessoas não foi votar por estar engajada politicamente de outras maneiras, ou por comodismo e passividade?
Não estão engajadas politicamente, mas a maioria das pessoas não vota por uma descrença generalizada nos políticos. Esta descrença, embora não seja teoricamente fundamentada, tem um significado político, vem aumentando e não é apenas um fenômeno brasileiro. Não se trata de uma maioria reacionária manipulada pela televisão. As pessoas em questão têm posições misturadas, não são completamente coerentes, não estão no geral acostumadas a atuar politicamente, mas isso não significa que a insatisfação que possuem seja menos legítima. Também não creio que seja comodidade, votar é mais cômodo do que ter que justificar ou pagar multa. Ocorre que há uma crescente descrença e insatisfação com o sistema representativo, decorrente da sua impossibilidade de promover mudanças reais, o que é facilmente cons-

tatado pelas pessoas, principalmente depois da chegada da social-
-democracia ao poder. Acredito que a outra campanha, a campanha não-eleitoral, tenha como principal tarefa aprofundar esta reflexão, propagar outras formas de atuação, não podemos ficar só
no "não vote".

ANÁLISES

O que houve afinal em 2013?

Em 2013 vivemos no Brasil um levante popular, uma insurreição, como tantas que ocorreram nos anos anteriores em vários lugares do mundo: Wall Street, Grécia em 2008, Seattle. As características destas insurreições populares são, em geral, a horizontalidade organizacional; a recusa à via institucional e ao reformismo da esquerda partidária; uma revalorização explícita do anarquismo e dos valores historicamente associados à tradição libertária, dentre os quais destacam-se a busca pela participação política direta; a recusa às hierarquias e a recusa ao paradigma representacional.

Entender 2013 é entender o nosso tempo e é fundamental que possamos contar nossa própria história. Atualmente podemos identificar ainda algumas linhas de leitura em disputas discursivas sobre o que significou 2013[1]. A primeira delas é a defendida pelo PT e seus aliados, que consideram 2013 um movimento fundamentalmente manipulado pela direita, que serviu para preparar o golpe contra o PT e, por isso, o avalia negativamente. A segunda é a defendida pelos ultraliberais, que procuram esvaziar o significado político dos atos de rua associando-os com "puro vandalismo vazio" ou mesmo com "ações terroristas", alguns dizendo mesmo que esses vândalos eram pagos pelo próprio PT. Ao lado das duas leituras desqualificantes existem duas avaliações possíveis ligadas à esquerda partidária. Uma delas é positiva, porque

---

1. A identificação destas linhas de leitura sobre 2013 se coaduna à análise avançada pelo prof. Wallace Moraes sobre o tema, ainda não publicada.

considera que a crítica ao governo do PT aumenta as chances de vitória eleitoral ou crescimento por partidos de esquerda, mas se torna majoritariamente negativa na medida em que estes partidos não conseguiram dirigir o processo, tornando claro o afastamento deles da população. Há ainda grupelhos fascistas que, criticando também os ataques das ruas às instituições e ao capital, advogam via 2013 para pedir intervenção militar. A leitura que aqui avançamos se afasta e se contrapõe a todas estas avaliações e se aproxima de uma leitura insurrecionária de 2013.

Em 2013 milhares foram às ruas, em todo o país, exigindo reais transformações sociais. Vimos se espalhar a rebeldia, a indignação, a revolta, o ódio ao Estado opressor, a luta por saúde, moradia e educação, o confronto direto com o capitalismo, com o monopólio dos transportes públicos, o ataque a bancos e a resistência aos agentes do Estado e demais órgãos da repressão. Esse também foi, e talvez fundamentalmente, o ano do surgimento da tática black bloc no Brasil. A tática ajudou a dar voz aos protestos nas ruas, expressando uma crítica radical ao sistema e fortalecendo sua capacidade de resistir aos ataques da polícia à população. Já famosa em vários lugares do mundo, a tática que surge aqui em meio aos protestos de junho possibilitou que os corpos, diariamente jogados uns contra os outros pela máquina do mercado, se encontrassem igualados nas ruas, unidos para responder à violência inerente ao cotidiano das cidades e fundamental para a manutenção dessa sociedade desigual. Aprender a resistir, desafiar o monopólio da força destrutiva estatal e lembrar ao próprio povo e ao Estado que o oprime de onde deriva o poder. E foram milhares de jovens (ou nem tão jovens assim), usando escudos improvisados, máscaras, ou o que encontravam pela frente para resistir à violência policial. O levante que se deu em junho contou com a presença popular maciça; pessoas que jamais haviam ido em manifestações; moradores de rua; negros das periferias das grandes cidades; feministas; gays; lésbicas... Não foi um movimento da classe média branca, como se pretendeu estabelecer na grande mídia. Também não foi um movimento composto em sua maioria por "pessoas alienadas" que não sabiam pelo que lutavam, como também foi afirmado. Junho de 2013 não foi ainda "o início do golpe", como quer fazer crer os aparelhos de reprodução de hegemonia da esquerda partidária. As pessoas sabem muito bem o que as oprime e é sempre bom ressaltar que nenhum intelectual esclarecido precisa contar isso para elas.

O alvo da revolta popular eram os agentes da sua opressão diária: ônibus; agências de bancos; palácios dos poderes; assembleias legislativas; veículos do monopólio da mídia manipuladora; viaturas policiais. Faz muito tempo que a favela desce quando a polícia mata uma criança, e que o povo queima ônibus e trens quando o transporte, já precarizado no geral, quebra justamente na hora da volta pra casa. Ninguém precisa ensinar a revolta pra ninguém.

Mas o que encontrou-se desta vez foi a visibilidade do asfalto. Não era possível dizer que aquilo estava sendo orquestrado por traficantes, não era possível negar a dimensão política da revolta, uma grande camada da população estava lá, estava vendo. A potência de junho foi a do encontro da visibilidade do asfalto — onde as balas são, na maioria das vezes, de borracha — com uma certa democratização da violência de Estado para setores da população que não estavam acostumados a sofrê-la. Não se tratava de uma ação orquestrada, e toda tentativa de gerar uma pauta única convergente, esvaziada politicamente e que apaziguasse a luta de classes, foi recusada pelas ruas. Nesse sentido, a multiplicidade de pautas e o caráter difuso foi mais uma força do movimento, era todo um modo de vida que se recusava. Não que os inimigos não fossem concretos e identificáveis, mas não havia um reformismo, uma reivindicação pontual que pudesse ser simplesmente atendida, mantendo-se toda a estrutura como estava e, assim, parando o levante. Isso, que foi razão em tantos momentos para que o movimento fosse acusado de utopista, sem foco, era sua força e sua identidade. Talvez pela primeira vez estávamos demandando modificações reais e radicais, que não ocorreriam sem mudanças estruturais e concretas. E a quebra do monopólio da informação possibilitada pela internet permitiu que as imagens fossem mostradas diretamente. O povo, a sociedade, assumiu o papel de sujeito histórico, a população participou da edição da história, não foi somente espectadora.

A internet, obviamente, não faz movimento social. Ao contrário, ela surge como mais um modo de controle e de comércio, mas ela pode ser apropriada, pode ser também um instrumento de luta. A comunicação foi estabelecida em rede e se espalhou exponencialmente. As mídias digitais e as redes sociais serviram também para desmentir a constante desinformação da imprensa burguesa. Não podemos deixar de notar a importância do desenvolvimento das tecnologias ainda não totalmente controladas pelo Estado, que permitem a criação de territórios livres, de zonas virtuais autônomas. E estas brechas abertas permitiram a passagem da insatisfação popular generalizada pelo país.

Além disso, não podemos deixar de lembrar a participação dos trabalhadores, das greves não institucionalizadas e tocadas pela base independentemente das representações sindicais que marcaram 2013/2014. Greves radicalizadas, tocadas pelos professores, pelos rodoviários e pelos garis, pararam a cidade, unificaram demandas e foram fortemente reprimidas e criminalizadas pelo Estado.

Mas a violência diária já estava instaurada antes. As corporações capitalistas e os organismos financeiros, bem como o Estado que representa tais corporações e serve para calar o povo, impõem uma situação de guerra permanente. Recentemente, com os projetos de cidades requeridos pelos megaeventos, a ofensiva ficou ainda mais evidente: remoções; desalojamentos; fechamento de escolas; projetos de pacificação nas favelas; chacinas; "democratização" de um pouco da violência já permanente nas favelas e periferias para os centros urbanos de classe média no asfalto; megaempreendimentos como Belo Monte; aumento da violência também no campo; avanço sobre Terras Indígenas; gentrificação em geral; aumento do custo de vida com incentivo à manutenção do consumo, gerando um endividamento grandioso da população com os juros gigantescos; tribunais de exceção; suspensão do direito à manifestação; suspensão do direito de ir e vir...

O Estado não tem nenhum problema com o uso da violência, ao contrário, ele se arroga o direito ao seu monopólio. Se não fosse o caso, o que dizer de Pinheirinho, das bases militares nas favelas, dos incêndios criminosos, de Belo Monte, das prisões lotadas? Um episódio fundamental no Rio de Janeiro foi a desocupação da Aldeia Maracanã. Naquele dia, após o uso desmedido da violência policial, as pessoas atacaram com cocos os carros da polícia em frente à ALERJ — a mesma ALERJ que, um mês depois, seria tomada pela população com pedras e paus. No contexto, um aumento de passagem serviu como gota d'água para transbordar a insatisfação popular geral, mas, anteriormente, a principal fagulha foi a desocupação da Aldeia Maracanã e a luta de resistência que se seguiu. No Rio de Janeiro não foi o Movimento Passe Livre que colocou milhões nas ruas, de fato, nem mesmo em São Paulo foi (embora tenha convocado atos que depois massificaram). Foi todo um contexto convergente, com razões que já existiam antes, mas que se acirraram nessa ebulição social sem precedentes na nossa sociedade. Pela primeira vez foi quebrada a manipulação das oligarquias dominantes, diferentemente do que houve no "fora Collor". Pela primeira vez, talvez, estávamos demandando modificações reais, que não seriam possíveis com a estrutura atual.

Outros aspectos precisam ainda ser ressaltados: o que condicionou junho e o que junho permitiu. Sobre o que condicionou junho, muito foi dito sobre a conjuntura imediata do projeto de cidade excludente que, acirrada pela proximidade dos megaeventos, disparou uma grande insatisfação popular. Mas um outro aspecto fundamental é a chamada crise no sistema de representação, diretamente relacionada com a chegada da esquerda tradicional ao poder. A ascensão do PT ao poder mostrou como é indiferente o resultado eleitoral, pois a via da eleição, comprometida com os interesses das grandes corporações, que financiam os candidatos, encontra-se arruinada de saída: para ganhar o jogo é preciso estar vinculado aos interesses daqueles que financiam o jogo, por isso não adianta trocar as peças, é preciso acabar com o jogo. A perda de interesse na via indireta da representatividade se relaciona diretamente com a constatação da sua incapacidade de modificar a realidade. A grande desilusão que significou o PT passa a servir como paradigma para a busca de uma ação política que não vá repetir o trajeto desse partido, isto é, que para chegar ao poder não se transforme, ao menos no essencial, em uma instância daquilo que combatia. Lula defende os interesses da classe dominante porque, para chegar ao poder, foi financiado por esta classe no jogo eleitoral e, caso não o fosse, não chegaria ao poder. A ideia de que agora ele pode governar para todos, apesar dos interesses serem contraditórios, é obviamente falsa e serve ao apaziguamento, à conciliação de classes. Quando o PT diz que vai governar para todos, em uma sociedade dominada pelo capital e na qual os interesses do capital são contrários aos interesses do povo, ele (e qualquer outro partido que faça o mesmo discurso para ganhar eleições) já está escolhendo o lado do capital. Isso ficou imediatamente evidente quando o PT, um partido vindo de movimentos sociais, se voltou completamente à disputa eleitoral e institucional, deixando claro os limites da organização partidária e, também, deixando os movimentos sociais órfãos ou destruídos por dentro, uma vez que, com a eleição do PT ao governo federal, abriu-se uma nova possibilidade de desenvolvimento, pela base.

Tratou-se, antes de tudo, de uma perda de confiança no sistema representativo, que é própria do contexto histórico, e uma insatisfação com os meios da esquerda institucional e o burocratismo dos partidos eleitorais. É assim que se abre espaço para as propostas anarquistas e a *ação direta* nas ruas, mesmo que a maior parte da população não pense exatamente nestes termos.

A partir disso, as posições defendidas pelos anarquistas, enquanto uma alternativa real à esquerda institucional, obtiveram grande crescimento e repercussão. A crise no modelo da representação, diretamente relacionada com a chegada da esquerda partidária ao poder e à constatação de que com isso nada mudou, mostra que aquilo que os anarquistas sempre disseram estava correto: não adianta mudar as peças se você não mudar o jogo, o próprio sistema impede qualquer mudança, qualquer transformação, substancial, pela via institucional, porque os meios que são usados transformam os fins aos quais se pretendia chegar.

Esse não foi um acaso do PT, os partidos reformistas, necessariamente, evoluem no sentido de deixarem de ser partidos de organização de massa, que pretendem organizar a luta dos trabalhadores, para serem partidos eleitorais, de conciliação de classes, servindo, portanto, à classe dominante pelo e para o próprio processo no qual tomam parte. Eles se tornam, portanto, anti-revolucionários, no sentido que impedem que a luta se desenvolva para um conflito que constituiria uma situação de transformação revolucionária real. A ação parlamentar exige financiamento, daqueles que detém o capital, e alianças, com aqueles que defendem os interesses da classe dominante. O processo eleitoral é hoje uma grande briga de corporações empresariais, é mais um objeto de consumo da nossa sociedade do espetáculo, e as pessoas sabem que isso não pode trazer transformações reais. Donde o crescente número de pessoas que não pretendem votar e as campanhas desesperadas do governo para o evitar. O que o sistema eleitoral faz é tentar canalizar toda a participação política de um indivíduo na sociedade a qual pertence para uma votação em uma sigla. Só isso: você vai lá e vota de dois em dois anos e isso, dizem, faz com que vivamos em uma democracia. Ora, isso é obviamente falso, você transforma o cidadão em um consumidor de candidatos, você cria uma sociedade alienada das próprias decisões que constituem o seu modo de vida. Mesmo para aqueles que não se dizem anarquistas, nunca se disseram, não defendem essa posição, esta é uma verdade concreta do momento histórico que vivemos. Por isso o anarquismo encontra condições para se desenvolver hoje, por isso temos tantos ouvidos atentos.

Quando falamos de boicote eleitoral, é preciso entender qual a perspectiva anarquista desse boicote. Por que não votar? Por que votar é contraditório com a luta? Por que esta é uma ação concreta e não meramente simbólica? A defesa do boicote eleitoral já era defendida por Proudhon e Bakunin no século XIX. A ideia básica envolvida também era a de que um processo eleitoral dentro de um sistema dominado pela classe burguesa necessariamente estaria comprometido com os interesses desta classe e afastaria o proletariado da sua organização direta e, consequentemente, da luta revolucionária. Em Bakunin, a recusa às eleições, ao processo institucional é também uma recusa ao funcionamento destas instituições e do Estado. Para os anarquistas, fazer revolução não é conquistar o Estado, nem pela via eleitoral, nem pela violência. A única luta revolucionária de fato seria aquela que permite aprofundar a auto-organização da sociedade que, combinada com lutas insurrecionais, desembocaria na destruição do Estado. O boicote às eleições parte de uma reflexão crítica em relação ao sentido da participação política indireta no pleito representativo do parlamento burguês, tendo em vista a conquista do Estado. Por isso, o boicote anarquista não está subordinado à conquista do Estado por outros meios, ainda que revolucionários, mas é uma crítica ao próprio Estado enquanto instituição a ser conquistada. Defende-se que a luta revolucionária é aquela que incide sobre o modelo de organização e não meramente sobre o controle dos modos de produção. Além disso, tratam-se mesmo de alternativas excludentes: a oposição entre a luta direta e o sistema representativo indireto, entre a urna e as ruas, é uma oposição em princípio, uma oposição entre duas estratégias de organização social, uma subordinada às instituições existentes atualmente e outra que rompe com a subordinação. Por isso não votar não é, para os anarquistas, uma ação negativa apenas, é uma ação positiva direta de desobediência civil que se insurge contra o próprio Estado, que afirma a capacidade de auto-organização da sociedade. Não votar tem um aspecto educativo, pois nega a representatividade da instituição partido e traz consequências desorganizadoras, e um aspecto organizativo, pois combate a desorganização induzida pelos partidos eleitorais para pulverizar e minar a luta direta da sociedade. Subordinando essa luta às eleições e à estrutura estatal, ela se torna um instrumento da dominação que supostamente pretendia combater.

Se não houvesse contradição entre lutar e votar, por que será que o calendário das lutas e das greves seriam pautados, modificados e, muitas vezes, esvaziados em virtude do calendário eleitoral? Se não houvesse contradição entre lutar e votar, por que se esforçariam tanto em colocar a luta nas ruas em função do blá blá blá eleitoral, como se vencer tal disputa e conseguir um cargo qualquer fosse um fim em si mesmo? Se não houvesse contradição entre lutar e votar, quais as razões dos acordos a portas fechadas que vendem sempre a luta do povo? Em quais gabinetes o empoderamento popular é esvaziado, cooptado, domesticado, burocratizado? Por que será que as bases das mais diversas categorias tocaram em 2013 e 2014 suas greves independentemente (e muitas vezes contra) suas direções partidárias?

A disputa eleitoral, manipulável e controlável, posto que vendível, passa a importar mais do que a luta do povo, invisibilizando-a naquilo que ela possui de potencialmente revolucionário. E isso não é um acaso. A contradição que há é sistêmica, é uma contradição entre fins e meios, e ainda entre o que se toma ou não como um fim em si. A contradição se mostra quando pensamos pelo que lutamos exatamente, e eu digo que lutamos por uma sociedade que precisa ser construída de baixo para cima, pelas próprias mãos daqueles que são agora excluídos e oprimidos. Ou será isso, ou não será a sociedade pela qual lutamos. Nenhum processo eleitoral pode nos aproximar de tal sociedade, ele é feito para nos afastar dela, para canalizar a real participação política para o âmbito de mais uma mercadoria negociável. E não venham dizer que aqueles que lutam diretamente no dia a dia para a construção desta nova sociedade estão ajudando a direita porque deixam de apertar botões. Quem contribui com o fortalecimento da direita é quem aproxima sua prática das mesmas práticas historicamente associadas a ela (até que a diferença entre tais práticas seja menor que qualquer quantidade dada e não possa sequer mais ser notada), apenas para disputar cargos em um sistema desigual e corrompido.

Por tudo isso, boicotar as eleições é uma luta política concreta, não é mero simbolismo oportunista ou propaganda do anarquismo, trata-se de uma arma ideológica e organizativa, uma estratégia concreta de luta.

Voltando a 2013, eu gostaria de dizer que é claro que os movimentos sociais de base estavam ali desde muito antes, mas houve um momento no qual a disposição em se encontrar, se associar e responder aos chamados quase diários que eram feitos para manifestações poderia pender para vários lados. Houve a tentativa de disputar as ruas, a tentativa de levar o movimento para uma pauta esvaziada politicamente, como a pauta da corrupção. O monopólio da informação sempre serviu para manipular a população, e apostou na ressignificação daquilo que não conseguia impedir para encaminhar a luta para o esvaziamento político e introduzir demandas da direita. O mais interessante é que não funcionou, o que demonstrou a grande potência popular e desse momento histórico. Muitas pessoas até foram às ruas respondendo ao chamado midiático, manipulador e espetacular. Mas interessa o que elas viram nas ruas: a concretude da revolta popular e a violência policial. O contato com uma realidade desconhecida, que lhes é escondida, fez parte da educação política destas pessoas. Ir para as ruas não é controlável como ir para as urnas, aqueles que manipulam podem perder. Nesse momento eles realmente perderam, aprenderam que ir às ruas é sempre perigoso e, por isso, agora nos chamam às urnas claramente como uma oposição ao chamado à participação política direta feito naquele momento. Quando a população foi às ruas, "muitos entraram pela direita e ficaram pela esquerda". Como as pessoas permaneciam sem controle nas ruas, houve também a ameaça de um golpe de direita, a tentativa feia, descontextualizada, de levar o povo a temer seu próprio poder, dizendo que poderia ainda ficar pior. Mas isso também não funcionou. É nesse contexto que surgiu a Frente Independente Popular no Rio de Janeiro (FIP), uma frente que faz ressurgir a aliança histórica entre anarquistas e comunistas (maoístas), com um número grande também de pessoas independentes, que não fazem parte de movimentos organizados. Os movimentos sociais já estavam lá, o que surge do levante, da revolta popular nas ruas, é a FIP.

E não é por acaso que a FIP foi o principal foco da criminalização orquestrada pelo Estado. A Frente foi fundamental para evitar que o movimento fosse cooptado por partidos eleitoreiros ou mesmo por grupos da extrema direita, é por isso que esses grupos, eleitoreiros e oportunistas, grupos que queriam bater na então Presidente Dilma Rousseff pela direita, têm tanta raiva da FIP e contribuem para a nossa criminalização. A FIP não deixou que a luta fosse usada pelo espetáculo eleitoral, e o que não pode ser canalizado pela via institucional, que não é cooptável por um carguinho, que não é freado pelo burocratismo, que não é assimilável, facilmente vendível, é, então, criminoso, deve ser combatido e preso.

Há um ganho político nestas experiências, independente do que venha a ocorrer daqui para frente. É a grande vitória social das jornadas de junho de 2013: existe um ganho político para a nossa sociedade, um amadurecimento que não nos pode mais ser retirado. Este ganho, inclusive, não pode ser tomado por nenhuma criminalização, embora seja o que se tenta fazer nesse momento. Nós vivemos em uma sociedade que nunca viveu uma revolução popular, as mudanças que tivemos sempre foram "herdadas", mantendo uma mesma oligarquia. O que houve no ano passado e o que ainda está havendo foi educativo, todo este processo que estamos vivendo. E é certo que estamos no olho do furacão, é histórico, nossa sociedade não é mais a mesma, aprendemos muito. Quando pensamos que as ruas esvaziaram quase que naturalmente também é preciso dizer que não foi bem assim. Sabemos que as críticas à Copa do Mundo da FIFA de 2014 e ao modelo excludente de cidade que acompanha o megaevento em questão não se misturam, e são até opostas, enquanto o futebol é parte da cultura popular. Não é fácil mudar anos de manipulação por meio do futebol em uma sociedade forjada a partir disso. Mesmo assim, a repercussão dos atos e da campanha "Não vai ter Copa!" foram enormes. Há um fluxo e refluxo constitutivo da revolta e da organização popular. As pessoas lotaram as ruas, depois houve o anseio por organização horizontal e participação política. Ninguém pensou que a revolução seria feita em junho de 2013, então era necessário aproveitar o empoderamento e a educação política pela *ação direta* para se voltar para a base, para formar a base da transformação social, de modo a se voltar para as ruas ainda mais fortes.

Este é o processo tão temido pelas oligarquias dominantes, um processo de empoderamento e organização direta descentralizada, fora da institucionalidade e não cooptável por partidos. Não foram as ações de resistência nos atos que afastaram as pessoas das ruas, houve um movimento natural de organização social e uma intensa repressão, que não foi de modo algum uma contrapartida das ações nas ruas, que já respondiam a um intensa repressão. De todo modo, a partir disso, um novo aumento dos atos de rua era previsto, e era isso que se precisava evitar, e se precisava evitar de modo exemplar, não apenas durante a Copa do Mundo FIFA de 2014, mas também em um futuro próximo.

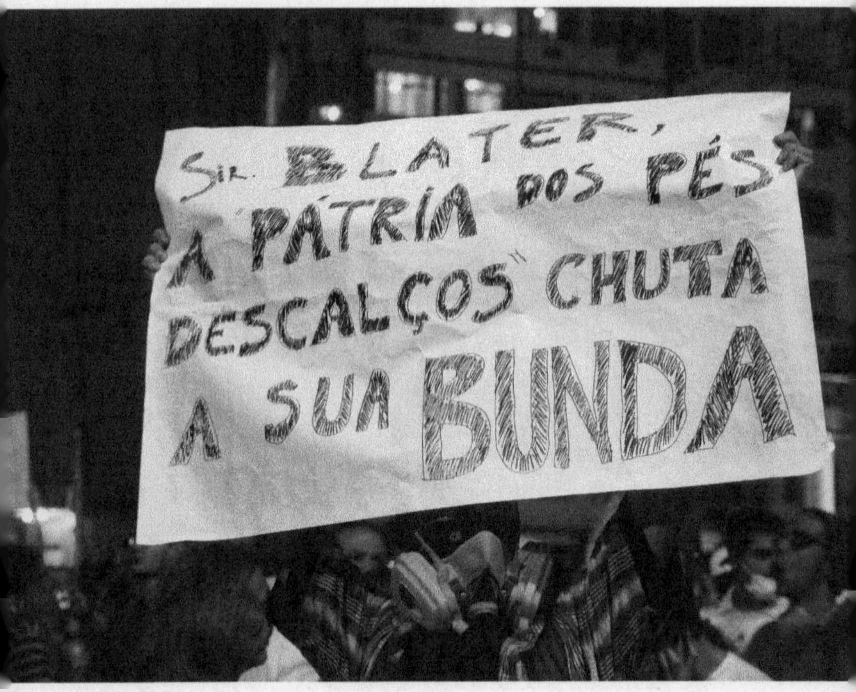
SIR. BLATER,
A "PÁTRIA DOS PÉS
DESCALÇOS" CHUTA
A SUA BUNDA

Juventude periférica e 2013

Em todas as épocas, foram os jovens que protagonizaram as grandes mudanças sociais. Talvez porque ainda não foram suficientemente acomodados à ordem vigente, eles têm tempo e disposição para vislumbrar, visualizar uma outra realidade possível, e para começar tudo de novo, do zero, agora mesmo. No início da vida não temos tanto a perder, é mais fácil arriscar, e ainda não fomos moldados pelo hábito a ver determinadas relações como fixas. Depois todos são mais ou menos forçados a criar relações com as quais não queremos nos apegar facilmente. Mas a mente hábil em conhecer o novo, em aprender, é também a mente mais criativa. Não é por acaso que os grande matemáticos e os grandes revolucionários tiveram em todas as épocas a mesma faixa etária. Ambos precisam ver o impossível como possível, ambos precisam criar um novo horizonte de significação e necessidade.

Pelo seu potencial de modificação social talvez seja o jovem que precise ser moldado mais rapidamente, controlado mais fortemente, aquele sobre quem as políticas repressivas do Estado de uma sociedade excludente devam se abater de modo mais contundente. Diferentemente das sociedades europeias, a população brasileira é extremamente jovem. O mercado de trabalho e a formação profissional, entretanto, não são capazes de inserir, em uma sociedade extremamente desigual, essa juventude. Forma-se um enorme grupo insatisfeito, não inserido na sociedade e com pouco a perder.

A criminalização precoce dessa camada social, com sua entrada no tráfico e no sistema carcerário, torna-se então desejável como modo de controle, como modo de inserção perversa na ordem vigente. É mais fácil inseri-los como marginais, justificar assim a militarização e a repressão de espaços precarizados, o que garante o controle social, do que gerar escolarização e consequente mão de obra qualificada, que o mercado não será capaz de integrar.

Precisamos parar de ver a criminalização como um incidente não planejado e não desejado pela lógica vigente. Ao contrário, a entrada do jovem negro e pobre no mundo do crime é produzida, desejada, necessária. Justifica o extermínio daqueles que o sistema precisa necessariamente excluir, dado que não se propõe a combater a desigualdade. Justifica o controle social, a militarização e a grande indústria que se tornou o sistema carcerário. É o que o Estado chama de ressocialização, um aparente deboche escrito nos uniformes das instituições penitenciárias de nosso país. Mas a real maneira de inserir a juventude pobre, potencialmente ameaçadora ao sistema, potencialmente revolucionária, é na grande prisão que é a nossa sociedade. A alguns só resta o cárcere ou a morte como inserção possível, uma inclusão diferenciada no sistema. O que não significa que todos nós, dentro dessa lógica, não estejamos já presos ou mortos indiretamente. É preciso compreender a criminalização da juventude como uma das faces de seu extermínio sistêmico.

Tomemos o índice de jovens negros de periferia mortos pela polícia. Em 2012, 56 mil pessoas foram assassinadas no Brasil. Destes, 30 mil eram jovens (com idade entre 16 e 29 anos) e, entre eles, 77% eram negros. No ano seguinte, o assassinato de jovens brancos diminuiu 32%, enquanto o índice de assassinato de jovens negros aumentou na mesma proporção. É uma tendência geral nos últimos anos: crescimento do número de assassinatos de jovens, com diminuição constante da morte de jovens brancos e aumento na mesma proporção de jovens negros.

O que temos, diante disso, é que o aumento geral de assassinatos no país está sustentado no assassinato de jovens negros pobres. E este é um retrato da pena de morte por execução no país, da enorme criminalização da pobreza e do racismo silenciado, invisível, interiorizado na política de segurança pública. Racismo de Estado. O jovem negro morador da periferia é o matável na nossa sociedade, aquele que pode e deve morrer para que nós, os humanos, continuemos vivos.

Digo que é invisível porque é a notícia naturalizada nos telejornais: mais um jovem negro morto pela polícia na favela, mais um grupo de adolescentes assassinados pela milícia na esquina de casa nas periferias. É como se as pessoas escutassem e suspirassem transigentes com a ideia de que eles têm mesmo que morrer. E por que eles devem morrer? Para seguirmos com nosso modo de vida, para que continuemos fazendo compras no shopping aos domingos, para que continuemos trocando de carro todos os anos, para que tenhamos Copa do Mundo e Jogos Olímpicos.

As pessoas estranham, horrorizadas, quando escutam em documentários que as jovens nas civilizações antigas, quase sempre meninas virgens, eram sacrificadas anualmente aos deuses da colheita em rituais sagrados. Pois os jovens negros das periferias são sacrifícios diários, os tributos que nossa sociedade paga ao deus-capital, ao deus-consumo, ao deus-crescimento econômico. No entanto, trata-se de um sacrifício não regulado pelo ritual e, portanto, rotinizado como finalidade de certas instituições estatais destinadas para isso.

De fato, temos uma longa tradição de criminalização da pobreza, de guerra ao jovem negro e pobre. Por dia morrem em torno de 82 jovens entre 16 e 29 anos. Isso obviamente não é noticiado pela grande mídia. Entre eles, 93% são do sexo masculino e 77% são negros.

E é falso que não há protesto, que, diferente do que acontece em Ferguson, as pessoas não se revoltam, não saem às ruas, não enfrentam a polícia. Ocorre que a mídia oficial constrói a notícia como se o protesto fosse orquestrado por traficantes, como se a criança assassinada talvez pudesse mesmo ser culpada e como se, sendo ela negra e pobre e favelada, já tivesse um destino traçado: mesmo que não estivesse envolvida no crime, iria se envolver mais cedo ou mais tarde e, assim, morrer em confronto. Além disso, a repressão dentro da favela com balas de verdade não tem repercussão internacional.

É preciso sublinhar a relação entre o potencial de insatisfação do jovem da periferia, que é perigoso, e sua entrada para o tráfico com morte precoce. A existência do tráfico nas favelas cumpre uma função importante ao Estado, justificar a entrada da polícia, justificar a militarização, justificar o extermínio do pobre com a bela desculpa do combate às drogas.

Grande parte do potencial revolucionário de 2013 encontra-se no fato, que tantos tentaram esconder, de que aqueles que saíram às ruas eram majoritariamente jovens da periferia, moradores de rua. É necessário desconstruir a ideia de que a classe média era a protagonista nas ruas. O mais perigoso para o sistema naquele momento era a presença da favela, daqueles que têm insatisfações concretas, revoltas concretas, que perderam familiares mortos pela polícia e que têm razões para odiá-la. Daqueles que na invisibilidade da favela levam tiros de verdade e que, naquele momento, diante das câmeras dos mídia-ativistas, podiam apenas levar balas de borracha. O menino de rua diariamente espancado podia ter agora sua vingança materializada em uma pedra portuguesa. Sua força, vinda do recorte de classe, foi logo percebida, e são eles, não há dúvidas, que foram chamados de vândalos, desqualificando-os ao lado dos supostos "verdadeiros manifestantes".

O levante de junho de 2013 contou com a presença popular maciça; pessoas que jamais haviam ido em manifestações; moradores de rua; negros das periferias das grandes cidades. Não foi um movimento da classe média branca, como a grande mídia pretendeu estabelecer. "Classe média" é uma noção propositalmente difusa, sem identidade política, que inclui condições sociais bastante distintas. Além disso, os que ocuparam as ruas em peso eram, claramente, das camadas excluídas, camelôs, moradores de ruas, favelados, trabalhadores precarizados e, claro, boa parte da assim chamada classe média — que, justamente pela classificação difusa, engloba setores díspares da sociedade. Devido à quantidade de pessoas que tomou as ruas, os atores políticos consideraram que a insatisfação popular poderia ser canalizada ou manipulada discursiva e midiaticamente. Foi isso que a guerra da informação tentou fazer, inicialmente sem sucesso e, após o processo de criminalização pesada, com mais êxito.

A presença de jovens negros da periferia foi, justamente, o que conferiu à tática black bloc um perfil único no Brasil. Embora já famosa em vários lugares do mundo, a tática que surge aqui em meio aos protestos que ultrapassaram junho teve como diferencial o recorte e apoio popular, crescente sobretudo entre a juventude excluída. É importante ressaltar que a hipocrisia pacifista não funciona tão bem entre a camada mais excluída da população, pois ela é o alvo do monopólio da violência estatal. E, em nenhum local do mundo onde surgiu a tática, ela foi tão admirada pela população excluída como aqui. O que ocorreu mesmo com o discurso pesado e diário do monopólio midiático contra. Quem não se lembra dos catracaços na central? Quem não se lembra da pesquisa frustrada no programa de José Luiz Datena da *Rede Bandeirantes*?[1]

O potencial de modificação social inerente a esse processo era muito grande, porque aquele menino da favela que odeia o policial não precisava entrar para o tráfico para expressar sua revolta, ele podia resistir, enfrentar o Caveirão do BOPE (Batalhão de Operações Especiais da Polícia Militar do Rio de Janeiro), não abaixar a cabeça e empunhar escudos enquanto ajudava trabalhadores a não pagarem passagem simplesmente sendo anarquista. E quem não iria querer ser anarquista nessas condições? Com isso, toda uma juventude excluída começou a crer no "herói que veste preto e máscara", e a querer saber o que significava o A na bola pichado pelos muros da cidade. Eu sei que muitos opressores não dormiram tranquilos naqueles dias.

---

1. Referência a um programa de TV ao vivo, da *Rede Bandeirantes*, do dia 13/06/2013, no qual o apresentador José Luiz Datena, no auge das manifestações de 2013, demanda, em uma pesquisa relâmpago, a seguinte pergunta aos seus telespectadores: "você é a favor de protesto com baderna?" Após resultado majoritariamente favorável, Datena resolve explicar o que está perguntando e reformular a pergunta, ressaltando que ele é contra. Ainda assim o resultado continua sendo que a ampla maioria é a favor. O programa está disponível em: <https://www.youtube.com/watch?v=7cxOK7SOI2k>. Acessado em: 20/01/2018.

Perseguições políticas e criminalizações
A reação a 2013

Era preciso parar a revolta e garantir as eleições. Fazer com que as pessoas, tão pacatas antes de junho de 2013, simplesmente consumindo e votando de dois em dois anos, e que agora estavam nas ruas, exigindo diariamente real participação política, servissem de exemplo. Como quebrar o apoio de mais de 85% da população às manifestações? Como minar o empoderamento popular? Tal efervescência social colocava em risco o lucro das grandes corporações capitalistas e a falsa paz entre as classes, sustentáculos do poder de opressão exercido livremente pela classe dominante. A Copa do Mundo FIFA de 2014 se aproximava e as manifestações voltavam a crescer. O espetáculo, então, precisava ganhar peso, pois as armas usuais não estavam surtindo o efeito esperado. A primeira tática da reação, como se sabe, foi a manipulação midiática, o discurso repetido à exaustação sobre os vândalos infiltrados que, surpreendentemente, não recebeu completa aprovação dos espectadores. Depois da tentativa de cooptar o movimento pelas pautas esvaziadas e/ou da direita, da ameaça de golpe e do massacre discursivo, foi necessário criminalizar quem resistia nas ruas e nos movimentos de base.

Em todos os lugares do mundo nos quais a tática Black Bloc surgiu tais reações foram empregadas. Cito aqui uma parte do recendo estudo de Francis Dupuis-Déri, professor de Ciências Políticas na Universidade de Quebec, que pesquisa o fenômeno mundialmente:

> Quando um black bloc entra em ação, a resposta da mídia costuma seguir um padrão típico. Na mesma tarde ou na manhã seguinte, os editores, colunistas e repórteres falam mal dos arruaceiros dos black blocs chamando-os de vândalos. No dia seguinte, porém, o tom costuma ser mais neutro. Os leitores são informados de que os anarquistas estão por trás de táticas envolvendo armas como coquetéis molotovs, assim como os uso de escudos e capacetes para se defender. Esses artigos às vezes fazem referência a grandes black blocs do passado. Em seguida, citam alguns acadêmicos, assim como representantes da polícia e porta-vozes de movimentos sociais institucionalizados que se desassociam dos vândalos[1].

Aliás, é importante ressaltar, a reação padrão de desqualificação não é apenas do discurso midiático, mas da própria esquerda partidária e institucional. Ainda citando Dupuis-Déris:

> Embora alguns porta-vozes de instituições sociais-democratas, partidos socialistas e sindicatos critiquem tanto a violência policial como a brutalidade do capitalismo, seus ataques padrões aos black blocs não diferem dos perpetrados pelos policiais e políticos de centro e direita. Yvette Cooper, membro do parlamento do Partido Trabalhista britânico, ao comentar os eventos em Londres, denunciou as "centenas de idiotas irracionais envolvidos em comportamentos criminosos da pior espécie". Chris Hedges, intelectual e escritor de esquerda, falou o seguinte sobre o chamado do Movimento Occupy a manifestações em novembro de 2011: "Os anarquistas do Black Bloc, que atuaram nas ruas de Oakland e outras cidades, são o câncer do movimento Occupy, eles confundem atos de vandalismo e ceticismo repulsivo com revolução. Existe apenas uma palavra para isso: crime"[2].

---

1. DEPUIS-DÉRI, Francis. *Black Blocs*. Trad. Guilherme Miranda. São Paulo: Veneta, 2014, p. 20.
2. *Idem*, p. 29.

E a reação no Brasil não foi distinta. Partidos de esquerda lançaram notas se desvinculando e criticando a ação dos anarquistas, alguns ajudaram mesmo a criminalizar e entregar pessoas à polícia. De fato, toda luta não cooptável, não assimilável institucionalmente, é transformada sistematicamente em crime, em quadrilha. Há uma disputa por terreno, por nicho de mercado, para canalizar a luta concreta, direta, da população, para fins eleitorais — no que esquerda e direita revelam seu ponto comum. E os meios para deter a revolta popular são sempre os mesmos: infiltração policial; prisões preventivas em bloco; foco espetacular midiático em alguns indivíduos; tentativa de cooptação das imagens do protesto radical para fins comerciais. Desde o policial e o político, passando pelos intelectuais acadêmicos, pelo "bom manifestante", editor, mídia oficial, inquérito, todos devem compartilhar as mesmas conclusões, "irracionais, bandidos, anarquistas, vândalos, arruaceiros, desprovidos de ideologia, usados por alguém..." Palavras que têm efeitos muito concretos, pois privam a ação coletiva de credibilidade política ao mesmo tempo que legitimam e estimulam a repressão policial.

E o pânico precisava ser instaurado, alguém precisava morrer. Alguém sempre tem que morrer, embora muitos sempre morram de fato. Não estou dizendo que o Estado matou o jornalista Santiago Andrade, da *Rede Bandeirantes*, embora certamente a culpa da violência, em máximo grau, seja do Estado e de seus séculos de opressão, e não daqueles que resistem a ela. Estou dizendo que foi preciso matá-lo muitas vezes, criar comoção nacional, transformar sua morte em um fato político que amedrontasse a população com o exercício do seu próprio poder, transformar um acidente terrível — pelo qual a própria empresa para a qual ele trabalhava teve sua responsabilidade, já que o enviou sem material de proteção adequado para uma área sabidamente de conflito — em um homicídio planejado com intenção de matar. Estou dizendo, portanto, que a morte do cinegrafista Santiago Andrade caiu como uma luva nesse contexto. É importante lembrar que o mesmo processo ocorreu em 2018 na França, quando três pessoas morreram dentro de um prédio bancário, após um protesto, e isso foi usado como modo de esvaziar as ruas e criminalizar os protestantes, trazendo pânico à população. Não foram as resistências nas ruas e a tática black bloc que tirou o povo das ruas, foi a violência policial, o uso político que se fez da morte do jornalista Santiago Andrade e a criminalização que sucedeu. E muitos foram aqueles e aquelas que morreram no contexto das manifestações, pessoas que levaram tiros de verdade sem que isso fosse noticiado. Uma professora intoxicada com o gás lacrimogênio; vários jornalistas que ficaram cegos; trabalhadores atropelados fugindo da polícia; uma manifestante que "caiu" de uma ponte em Belo Horizonte... E mais numerosos ainda são aqueles e aquelas que morreram pelos motivos que levaram às manifestações, os que morrem todos os dias nas favelas, nas periferias, nas filas de hospitais, vítimas da violência e da tortura policial. Mas, subitamente, parecia que aquilo jamais havia ocorrido, que teria sido a única morte desumana da nossa sociedade, pelo menos a única que a mídia já tinha ouvido falar. Pedia-se finalmente as cabeças dos culpados. O circo estava montado. Esse foi o pano de fundo necessário à nossa criminalização e consequente prisão no dia 12. É um capítulo que não acabou ainda, que não se esgotou na nossa prisão, que não termina nesse inquérito. Esta é a história presente, é a história que estamos fazendo agora.

Nossa prisão preventiva, em bloco, sem absolutamente nenhuma consistência, nenhum crime concreto, e a divulgação do inquérito, ocorreu sob este pano de fundo. Há um grande esforço na investigação para transformar as organizações políticas não-

-eleitorais em quadrilhas. Trata-se de um esforço discursivo, que interpreta nossas práticas e ideologias. E o que se pretende com isso é recusar o direito à auto-organização da sociedade sem fins eleitorais. O inquérito chega a dizer que "a organização não eleitoral se afasta do viés político-ideológico legítimo em nosso sistema democrático". Então, há um viés político-ideológico que não é legítimo, e este é, principalmente, o viés anarquista. Não é exagero quando dizemos que o anarquismo e, mais ainda, toda organização direta da sociedade civil, é o que se pretende impedir, é o que será transformado em crime se formos de fato condenados. Tanto é assim que um grupo de educação popular, que organiza alfabetização para jovens e adultos e pré-vestibulares, é identificado como "uma iniciativa louvável dos anarquistas, mas que é na verdade uma fachada para treinar jovens para a luta armada".

Existe um construto hermenêutico capaz de fazer organizações sociais e políticas serem lidas como quadrilhas armadas. E é fundamental pensar quais são os passos que permitem esta passagem. Cito uma parte do inquérito policial que explicita isso. Em um relatório de análise da tática black bloc, da investigação que levou à nossa prisão, encontra-se o seguinte o trecho: "Convergindo na tática black bloc há a delinquência comum qualificada como exercício da violência como fim em si, há a delinquência pragmática, qualificada como uso da violência como meio de impor pautas (que podem até ser justas e defensáveis nelas mesmas) e há, por último, a delinquência política de viés anarquista, caracterizada pelo uso da violência para desgastar e solapar as instituições do Estado para, num fim último, criar uma nova sociedade sob fundamentos diversos da atual. É desnecessário dizer que estas três formas de delinquência são igualmente repudiáveis e merecedoras de coerção estatal. No entanto, a delinquência política de viés anarquista é a mais insidiosa e a que precisa ser mais fortemente combatida. Ela é ideológica, age de modo dissimulado e sorrateiro, instrumentaliza os demais agentes violentos, infiltra-se e coopta movimentos sociais, apodera-se dos focos de insatisfação difusos na sociedade para manipulá-los segundo a conveniências de seu interesse político". Percebe-se então que o anarquismo é tomado como pior e mais perigoso do que a violência como fim em si, do que o uso da violência para conseguir algo pontual, que pode até ser atingido, contemplado, negociável. Por que devemos ser fortemente combatidos?

A insatisfação sistêmica, a recusa dos meios tradicionais, a impossibilidade de se negociar, tudo isso contribui para que o anarquismo, enquanto proposta de organização direta da sociedade, seja fortemente criminalizado. Nesse sentido, o que amedronta, e que fica claro no próprio discurso investigativo do inquérito, é nossa multiplicidade de pautas e nosso caráter difuso. Afinal, é todo um modo de vida que se recusa. Não há um reformismo, uma reivindicação pontual que pudesse ser simplesmente atendida, mantendo-se toda a estrutura como está. Então, não há como deter tal insatisfação sistêmica. E o que preocupa o sistema não é a delinquência vazia, não é ignorarmos pelo que lutamos, como se repete no discurso midiático. É justamente o que temos de mais consciente, mais ideológico e que não é passível de ser atingido ou corrompido. E se somos nós, os anarquistas, aqueles que devem ser mais fortemente combatidos, como dizer que isso não é político-ideológico, ou que não demandamos mudanças possíveis? Um grupo político não é mais perseguido do que criminosos comuns se tal posição política não é vista como uma ameaça em si mesma. Não para a sociedade, que é impedida de se auto-organizar, mas para a estrutura estatal que parasita a sociedade. Fato é que podemos criar uma nova sociedade sob fundamentos distintos da atual. É a sociedade organizada, acima de qualquer coisa, que tem legitimidade para isso, mesmo que a repressão estatal insista em nos criminalizar. É da sociedade que emana todo poder, o fundamento, inclusive, do que se entende por democracia, embora não vivamos em uma sociedade realmente democrática, já que o poder do povo é contraditório com o poder do capital.

Todo poder emana do povo, para o povo e pelo povo, devendo sempre ao povo retornar. Se o Estado se volta contra seu povo, esse povo tem o direito inalienável de destituir este Estado, usando para isso todos os meios que estiverem à sua disposição. Assim, as sociedades democráticas nascem legitimando a possibilidade de revolução popular sempre que o "pacto social", pelo qual supostamente o povo transfere seu poder ao Estado, for rompido e o Estado não corresponder aos anseios da vontade coletiva. As sociedades democráticas, desta maneira, legitimaram sua própria origem, pois surgiram de uma revolução — lembrando sempre que foi sobre o sangue das cabeças decepadas dos nobres que se pôde impor, senão como realidade, ao menos como valores, "a igualdade, a fraternidade e a liberdade". Que depois uma elite tenha continuado detendo os meios do Estado para a manutenção de seus privilégios, opondo assim claramente Estado e sociedade, não pode esconder a origem histórica revolucionária das chamadas "democracias modernas". Não que se queira dizer que os ares dessa revolução tenham realmente algum dia chegado por aqui. Mas, se ainda hoje, menos de dez por cento da população retém os meios de produção, as propriedades e o lucro sobre o que é produzido, como falar em democracia sem sentir vergonha? Como fingir não ver que é sobretudo o poder do povo que o Estado, representante dos interesses da elite econômica, pretende evitar?

O Estado se recrudesce, mostra sua cara e se volta mesmo contra as camadas incluídas da população quando apoiam a luta dos excluídos, lutam ao seu lado e denunciam a violência contra eles.

O Estado sempre estará pronto para punir exemplarmente esses casos. Mas o importante é a permanência de um silêncio conivente, da maior parte da sociedade, com o terrorismo imposto pelos agentes estatais e o poder econômico que estes representam às camadas excluídas. É extremamente sintomático dessa situação e expressivo da sociedade na qual vivemos que, quando o povo foi às ruas exigindo poder ao povo, o primeiro preso e condenado tenha sido negro, pobre e morador de rua. É a resposta punitiva que o Estado quer dar, ressaltando que, independente do que acontecer, o Estado e o poder permanecerão nas mãos das elites e não do povo. Nós lutamos pela igualdade, em princípio, sabendo da desigualdade que há, de fato. Para que nossa luta não signifique tão somente nossa criminalização, nosso próprio silenciamento e banimento, é preciso que ela continue sendo a luta da sociedade em geral.

A criminalização dos movimentos sociais é uma linha política internacional atual, que tem em vista manter a guerra funcionando. É preciso temer o terrorismo, garantir o domínio das riquezas com a exclusão crescente, é preciso justificar o ataque aos pobres e manter a população sob controle, fazendo parecer que não há guerra nenhuma em curso. Os megaeventos caem como uma luva nesse contexto. Da mesma maneira que o tráfico de drogas justifica a criminalização da pobreza, o medo do terrorismo, a segurança pública nos megaeventos justificam as leis antiterrorismos, os tribunais de exceção, toda a gentrificação, e também toda a repressão e criminalização que a acompanha. Não é possível ser uma cidade cosmopolita, entrar para o ranque de grandes polos comerciais do mundo, sem sediar megaeventos, e não é possível sediar megaeventos sem criminalização.

E há um modo padrão como essa criminalização opera hoje. Ela deve proceder antes de tudo pelo medo, pela sensação de se estar todo o tempo vigiado. As escutas, os mecanismos midiáticos de exposição, criam uma rede que prende antes de qualquer julgamento. Não é preciso sequer que o processo chegue a condenar para que sejamos punidos. Somos punidos nas medidas restritivas, na suspensão de nosso direito de ir e vir, na ameaça constante de novos processos, na retirada de nossos direitos políticos, direta e indiretamente. A presença do Estado é um controle invisível, um Grande Irmão que nos acompanha como na obra *1984*, de George Orwell. Mas como ocorre com Josef K., protagonista de *O processo*, de Franz Kafka, não sabemos sequer quando uma nova acusação será feita ou quando será executada nossa punição.

Não sabemos pelo que somos investigados porque os inquéritos são sigilosos. Nossas vidas podem ser, de um dia para outro, expostas no programa televisivo da *Rede Globo* "Fantástico" ou na revista *Veja*. Assim, com medo de agir, nossa participação política é suspensa, não atuamos. As liberdades democráticas não precisam ser retiradas com um golpe militar, a criminalização sistêmica é mais do que suficiente e eficiente para isso.

Como terminará 2013?

> *E nossa história*
> *Não estará*
> *Pelo avesso assim*
> *Sem final feliz*
> *Teremos coisas bonitas pra contar*
> *E até lá vamos viver*
> *Temos muito ainda por fazer*
> *Não olhe pra trás*
> *Apenas começamos...*
> LEGIÃO URBANA, Metal contra as Nuvens

Após a ratificação do *habeas corpus* concedido a Elisa Quadros, Karlayne Moraes e Igor Mendes pelo STJ, os chamados "23 processados da Copa" seguem aguardando a decisão judicial da primeira instância. Tratam-se de ativistas que foram presos preventivamente na véspera da final da Copa do Mundo, acusados de formação de quadrilha armada e corrupção de menores. A prisão, criminalização e perseguição política ocorreram como uma reação a junho de 2013, às vésperas da final da Copa do Mundo de Futebol e antes do processo eleitoral, para impedir a revolta popular, garantir o lucro da FIFA e as eleições sequentes sem protestos.

Atualmente, nós vivemos um contexto de criminalização crescente. Há um grande esforço em curso para transformar as organizações políticas não-eleitorais em quadrilhas. A criminalização incide principalmente sobre os movimentos independentes de partidos, anarquistas, com modos de mobilização e organização com os quais o Estado não sabe lidar imediatamente e que possuem algum potencial de não-cooptação institucional e, portanto, de modificação social concreta. O processo dos 23 é uma das sucessivas medidas que visam barrar este modo de organização popular. É também o primeiro grande processo após junho de 2013, que servirá como modelo e punição exemplar. Não são apenas os 23 ativistas processados que estão sendo punidos, é toda uma sociedade que se rebelou, que fez a tarifa baixar, que lembrou aos governantes que o poder emana do povo, e que, portanto, "não teria arrego porque o amor havia acabado". Todos precisam ficar atentos ao resultado desse processo, porque trata-se de punir uma sociedade inteira que se levantou. Esperamos agora para saber como terminará 2013, como será o seu desfecho, qual a resposta por parte do Estado e seu significado para a continuação das lutas e resistências em curso. Esta sentença é um pouco para todos nós, é um recado, é uma resposta. E o que se pretende recusar com isso é o direito à auto-organização da sociedade. É para dizer que nunca mais haverá um junho de 2013, para dizer que jamais será primavera novamente. Cumpre notar que vinte dos 23 processados, que respondem em liberdade, continuam submetidos às medidas restritivas, totalmente inconstitucionais, desde aquela época, com direitos políticos suspensos, sem poder participar de qualquer manifestação. A pena que podem pegar é de até 8 anos de prisão. Mas se a PL 2.016-F, que tipifica o crime de terrorismo, estivesse já em vigor, a pena poderia ser de até 24 anos, sem direito à regressão de pena. A aprovação a toque de caixa dessa lei, apresentada e apressada pelo governo Dilma, responde à pressão internacional e ocorre paralelamente à reação a 2013, tentando evitar protestos similares durante as Olimpíadas. Pois aproveitar a atenção mundial focada no Brasil para expôr reivindicações deve agora ser considerado terrorismo, isto é, deve ser punido de modo mais severo do que assassinato. O projeto do governo federal também deixa claro a contradição inerente ao projeto da social-democracia, já que a criminalização é defendida por um partido que nasceu nos movimentos sociais. Vemos, assim, quão superficial é a diferença entre os projetos do PSDB e do PT, diferença que não afeta a política econômica em seu cerne, nem a política de segurança. A superficial contraposição serve apenas para parecer que se escolhe um produto, mas são suficientes para gerar nichos de mercado eleitoral, pois o cerne da agenda econômica e dos interesses das grandes corporações deve ser mantido.

A linha política que criminaliza movimentos sociais pretende barrar qualquer processo histórico de modificação social real, mantendo a exclusão crescente e o funcionamento da guerra. Sabemos que a definição de terrorismo jamais incluirá a violência de Estado, pois terrorista adjetiva apenas quem é eliminável, designa o outro em uma guerra desigual. Não se trata de saber quem gera pânico e quem espalha destruição e morte, não se trata de saber quem dispõe sobre o direito de vida, quem controla os bens necessários para produção e reprodução básicos — se fosse assim, verdadeiramente, o Estado e seus agentes seriam os principais terroristas em todas as épocas. Mas a UPP (Unidades de Polícia Pacificadora) na favela não será chamada de terrorista, não importa quantos jovens negros e pobres sejam assassinados. Pois o que a violência simbólica toma como execrável é justamente o que se opõe ao monopólio da violência naturalizada. Assim, não importa quantas crianças morrem nas favelas bem ao nosso lado, não importa quantos não tenham acesso a atendimento médico, quantos durmam na rua sem ter o que comer. Se o capital não nega acesso às necessidades básicas, não saberíamos dizer quem nega, pois interromper a via pública por duas, três horas, não significa nada em relação ao direito de ir e vir, por exemplo, em comparação com o monopólio dos transportes públicos em mau funcionamento e com preços inacessíveis a tantos. E o mesmo poderíamos dizer quanto aos hospitais e escolas, moradia e alimentação. Por que será que saquear um supermercado é mais terrorista do que manter pessoas sem comer? Ou por que será que interromper o recolhimento de lixo é mais terrorista do que precarizar esse serviço até tornar inviável que ele permaneça sem ser interrompido? Manter pessoas trabalhando como escravas não deveria ser considerado terrorismo? Mas a violência contra aqueles que não são ideologicamente tomados como matáveis parecerá sempre mais assustadora e será retratada sempre como justificativa às respostas repressivas mais violentas. Pois o terror do outro é sempre mais palatável, resta saber o que será tratado como legítimo para manter o lado que escreve os discursos e propaga as notícias como ganhador da guerra.

A lei aqui é uma arma de guerra, é um mecanismo para manter justificado o monopólio do terror. A lei é um instrumento dos poderosos para manter seu poder, para, fingindo que evitam a guerra, manterem-se vencedores com as medidas mais violentas e desumanas. Tudo pela preservação das estruturas atuais de poder que se auto-definem como estatais. As leis são, portanto, atos violentos quando justificam as mortes e a miséria. A lei não é o ato do civilizado para evitar a guerra, a lei estatal é um instrumento para reter o poder, é um ato na guerra. Um ato que mantém certo monopólio do uso irrestrito da força. Garantir o monopólio do fomento ao terrorismo no mundo é garantir a vitória perpétua nas guerras. Sabemos que os Estados criam os inimigos que precisam justificar o combate. Quem pode ser o inimigo pós-guerra fria? O que justifica a intervenção internacional e o controle imperialista? O terrorista será, a partir de agora, todo aquele que precisa ser eliminado.

O que ocorre na UERJ atualmente é particularmente exemplar. Em um contexto de precarização da educação pública, com terceirizações e estudantes bolsistas sem receber, a Universidade vem sendo palco de duas investigações policiais que se relacionam e complementam. As investigações foram instauradas na 18ª DP, após o ato de solidariedade dos estudantes da UERJ aos moradores da favela do Metrô-Mangueira, que sofriam violenta remoção por parte do Estado. Mas, como se o diálogo entre a favela e a Universidade fosse intolerável, a reação se voltou diretamente contra coletivos, professores e funcionários politicamente ativos, que estão sendo chamados para depor em duas investigações: uma sobre danos ao patrimônio público no dia do ato, e outra sobre, impressionantemente, tráfico de drogas no nono andar, o andar da Filosofia, História e Ciências Sociais, tradicionalmente ativo politicamente, reunindo inúmeros centros acadêmicos e coletivos. A estratégia aqui da criminalização é a mesma, pois a acusação de tráfico de drogas justifica a introdução de policiais no nono andar e o monitoramento das atividades acadêmicas e políticas neste andar. Além disso, a acusação de tráfico desqualifica, torna o outro matável, eliminável. Paralelamente a isso, o pânico, o medo do monitoramento constante é instaurado, e as pautas das mobilizações, os problemas da Universidade só se agravam. Mas a construção do sujeito terrorista permanece a mesma, aqueles que são chamados para depor devem responder sobre consumo de drogas, suas próprias posições ideológicas e sobre a existência de grupos anarquistas no nono andar, preferencialmente relacionando os três âmbitos.

Então, da próxima vez que alguém te disser que o povo brasileiro aceitou tudo quieto, que não faz nada e segue pagando bancos e votando em políticos corruptos sem se revoltar, lembre-se do enorme trabalho que os governos vêm tendo, não só aqui, mas em todo o mundo, para continuar nos empurrando goela abaixo este projeto, este modo de vida indigente e para nos manter aceitando, sob a mira das armas, que tão poucos submetam tantos à miséria e à morte.

Não serão as leis que nos livrarão do terrorismo.

O que resta de 2013?
O momento histórico do anarquismo

O que resta, passados já alguns anos? Se estamos corretos, 2013 tratou-se, antes de tudo, de uma perda de confiança no sistema representativo, que é própria de um contexto histórico, e uma insatisfação com os meios da esquerda institucional e o burocratismo dos partidos eleitorais. Mantém-se aberto, pois, o espaço para as propostas anarquistas e para a ação direta nas ruas, mesmo que a maior parte da população não pense exatamente nesses termos. E, a partir desse espaço, as posições defendidas pelos anarquistas, enquanto uma alternativa real à esquerda institucional, mantêm-se aptas a obter grande crescimento e repercussão. Devemos ressaltar a falência do sistema representativo, a qual tenta-se esconder com a ideia de que a troca de governantes poderia resolver a situação, sustentando um modelo falido que diante de sua tragédia cada vez mais se alia ao grande capital para se sustentar por meio de um discurso do medo e do "menos pior". Se isso é correto, a campanha antieleitoral é fundamental à alternativa anarquista para que a população não tenha sua insatisfação com as medidas de austeridade que vêm sendo postas canalizadas para o espetáculo eleitoral. Fomentar a revolta e as organizações e lutas de resistência autônomas não canalizáveis pelas eleições.

Sabemos que a democracia representativa financiada pelos detentores do grande capital não pode operar internamente a ruptura com seus próprios pressupostos. Certo é que o governo não poderia atender de fato às reivindicações das ruas em 2013, pois elas apontavam para algo totalmente fora deste sistema, para o inegociável, para a possibilidade de um outro modo de vida. Nenhuma reforma no sistema pode dar conta da sua própria destruição, o que não significa que tal destruição não seja possível. A autogestão popular só poderá ser fruto da própria organização popular. O problema é que os atores, no jogo da política representativa, só postulam discursivamente uns aos outros como inimigos possíveis, enquanto 2013 apontou para a possibilidade de ruptura no jogo. Assim, o PT culpará sempre setores da direita partidária mais ou menos vinculados, ainda que espetacularmente, aos valores de seus inimigos nas urnas. E vice-versa: a direita fará o mesmo, culpando sempre setores da esquerda partidária. Mas a vida política de uma sociedade não se reduz a comprar candidatos em um supermercado eleitoral. E, de fato, eles sabem disso. Por isso, enquanto criam inimigos espetaculares e simulacros de si mesmos nos discursos, combatem realmente, materialmente, aqueles que são ameaças concretas, por meio da criminalização geral e punição exemplar. É preciso criar a ilusão, nos discursos, de que essas ameaças não existem, e na prática fazer o possível para que deixem de existir, pois suas existências apontam para a morte do sistema e daqueles que vivem, de um modo ou de outro, da sua manutenção.

Com o levante, presenciamos um grande ressurgimento do anarquismo. Bandeiras negras tomaram as ruas, o "A" circulado foi pichado pelas ruas das principais cidades do país, a grande mídia teve que nos colocar em programas de TV com destaque. Não apenas aqui, mas em todo o mundo, o anarquismo vem ganhando espaço. E por que vivemos um contexto histórico tão propenso ao crescimento do anarquismo, não apenas no Brasil, mas no mundo inteiro? Ora, vivemos o período posterior ao fim da URSS e à queda do muro de Berlim, quando vimos fracassar os modelos estatais de socialismo. Vimos o socialismo de Estado se transformar na força opressiva que os anarquistas sempre disseram que se transformaria. Antes, havia um modelo de revolução exportado e propagado por um programa mais ou menos único dos Partidos Comunistas no mundo, e não ser capitalista significava antes de tudo aderir a esse programa. Não que as vozes anarquistas não estivessem ali, elas sempre estiveram e foram particularmente fortes em 68, mas mesmo ali constituíam discurso desviante dentro da esquerda, as notas dissonantes, a minoria sufocada e, quando possível, massacrada.

Com o fracasso do modelo soviético, sem que as desigualdades insuportáveis do capitalismo deixassem de crescer, abriu-se espaço para a alternativa libertária talvez como nunca antes na história mundial. Se não temos mais o grande projeto político único do PCB, se não temos mais a União Soviética, a falência deste projeto abriu espaço para a retomada e o fortalecimento de outros modos de organização, tanto mais fortes quanto menos centralizados. Somos uma geração que conhece os limites da suposta democracia fundada no capital ao mesmo tempo que não vê mais a ditadura do proletariado como uma alternativa real e concreta. A esquerda institucional deixou claro seus limites tanto tomando o aparelho de Estado quanto tentando atuar de modo reformista dentro da democracia liberal. Após presenciarmos o fiasco das tentativas de concretizar a teoria socialista do Estado, a realidade prática falou mais alto quando em 1994 ocorreu o levante zapatista no México; como realidade concreta, para além de qualquer modelo anteriormente proposto. Este foi sem dúvida um novo fôlego para os anarquistas, pois a resistência zapatista demonstra, de uma vez por todas e a cada novo dia, a existência desnecessária do Estado. Hoje são inegáveis os elementos anarquistas dos occupys, levantes e táticas de resistência recentes: organização em redes, horizontalidade, descentralização, autogestão e ação direta. O anarquismo ocupa hoje o espaço que nos movimentos e lutas sociais da década de sessenta era ocupado pelo marxismo.

Ao lado disso, outro aspecto fundamental é a crise no modelo da representação. Este modelo cognitivo e ontológico ideológico é o fundamento das sociedades modernas e funda-se na separação rígida entre um âmbito da realidade tomado como abstrato e outro tomado como concreto. Tal separação, que apareceu em Descartes com a divisão rígida entre uma substância pensante e uma material, tem como premissa básica, no âmbito do conhecimento, a posição pela qual conhecer, significar, organizar a multiplicidade empírica é, antes de tudo, representar. Estabelecer conhecimentos é estabelecer poder, e, neste paradigma, também o exercício do poder é visto como um correspondente abstrato da realidade concreta. A verdade se diz, portanto, não de um acontecimento, mas sempre de um representante, que não pode colapsar jamais com aquilo que pretende representar, embora seja dito verdadeiro precisamente por corresponder a ele. Esta separação rígida tem obviamente um limite, que aponta para a necessidade de diálogo fulcral entre abstrato e concreto. Se não fosse assim, inclusive, nenhuma mudança estrutural seria possível. O próprio paradigma da representação funda-se em uma verdade vivida, que não é do âmbito da representação, mas da apresentação, e da ação direta.

A perda de interesse na via indireta da representatividade se relaciona diretamente com a constatação da sua incapacidade de modificar, transformar, fundar a realidade. Nosso tempo talvez seja o tempo que mais claramente se encontra diante dos limites da representação, e da certeza da sua superficialidade inerente. É uma decepção vívida, e talvez por isso este seja o momento histórico que mais fortemente parece abrir espaço para a possibilidade da auto-organização.

Entender a ruptura com o paradigma representacional é compreender também um pouco da ontologia anarquista, enquanto uma ontologia dialética. Mas é claro para nós que não existe apenas um anarquismo, mas vários; uma pluralidade que nos faz demandar o que haveria de comum a ponto de podermos falar de uma ontologia anarquista.

Pensemos no contexto Moderno, do Iluminismo, no qual o anarquismo clássico surge, como resistência à tendência de despolitização da sociedade. O anarquismo não nasce se contrapondo a um regime político particular, mas visando inaugurar uma nova forma de vida associativa enquanto constitutiva da sociedade. A ontologia da dialética materialista anarquista é precisamente aquela que não separa rigidamente um âmbito abstrato de um concreto e que, por isso, também não se compromete com uma vanguarda intelectual, com uma distinção igualmente rígida entre teoria e prática e com a manutenção de lideranças ou qualquer hierarquia fundada em acessos ou méritos especiais de uma determinada classe. A primeira entidade abstrata, supostamente representante da sociedade concreta, à qual o anarquismo nega a necessidade da existência, seja como fundamento da sua unidade, seja como fundamentado por ela, é o Estado, isto é, a falsa *estabilidade*, imobilidade, do real, mas que, como a raiz grega do termo — *stasis* — revela, se funda na guerra, revelando na palavra o princípio da violência do Estado inerente à sua fundação e manutenção. O Estado, supostamente *estático*, funda-se e mantém-se pela violência, pela guerra constante contra o povo. E não apenas o Estado enquanto entidade-forma-abstrata, mas também o estatismo diluído, disperso nos modos de organização e nas microrrelações sociais. Nenhuma cristalização de substancialização pode tornar estático o fluir perpétuo da passagem do abstrato ao concreto e do concreto ao abstrato. Portanto, e ao mesmo tempo, toda concretude humana é perpassada por relações de significação, por isso o anarquismo é a verdadeira ordem, nos dirá Proudhon, a única ordem capaz de conciliar a mais perfeita liberdade com a vontade coletiva, mostrando que o indivíduo não é um pontinho separado, dado no vazio das relações sociais, mas afirmando o caráter primário da uno-multiplicidade. Só assim é possível afirmar a possibilidade de ultrapassar a finitude humana nela mesma sem jamais negá-la em prol de qualquer consolo metafísico. Não nos parece um acaso que o pensador existencialista Albert Camus tenha flertado com o comunismo, mas tenha se afirmado em sua maturidade um anarquista. O fundamento desta posição é algo que não nos cabe aqui desenvolver, pois seria o objeto de um trabalho que ultrapassa as pretensões deste texto, entretanto cumpre notar que sua superação do absurdo, enquanto exílio do sentido do mundo, na afirmação deste próprio absurdo reúne bastante da perspectiva ontológica anarquista. Um ser e mundo que não se reconciliam pela dialética finalizando a história, uma união dada na própria separação, uma unidade afirmada na própria multiplicidade, uma dialética sem síntese. Não haverá sociedade acabada, não haverá final da história. O anarquismo que é ontologia, já defendeu Vaccaro, não pode ser uma teoria abstrata, mas é, nos termos de Foucault, uma prática discursiva, isto é, ao mesmo tempo teórica, ressignificante do real, e prática. Por isso não pode haver pensador teórico anarquista que não seja ao mesmo tempo militante, protagonista da história do movimento político da sua época.

Um exemplo fundamental da continuidade pós-2013 das novas formas de resistência foram as ocupações secundaristas. Na medida em que a criminalização aumenta, as resistências inventam novas formas de luta. Em São Paulo, as ocupações estudantis levaram o governo a recuar no projeto de fechamento das escolas. Novamente, como em 2013, vimos as estruturas de poder serem facilmente ameaçadas, demonstrando a fraqueza real por trás da aparente indestrutibilidade.

Novamente, a ação direta horizontal não orquestrada pelas instituições deixou o Estado sem saber como agir. Novamente, a manipulação midiática não funcionou e o apoio populacional foi intenso.

A tentativa de desqualificação como terroristas ou vândalos não se encaixou com a realidade concreta da juventude, em sua maioria adolescente, que protagonizou as ocupações, e o discurso da manipulação por partidos também foi contradito pela realidade. As ocupações de escolas têm a força de serem uma experiência da vivência autogestionária, onde cada ocupação é um modelo de outra organização social: gerindo suas próprias escolas, os estudantes experimentam a possibilidade de um outro modo de vida. Cada ocupação é uma protorrevolução. Por isso, as ocupações não são apenas meios táticos para pautas externas, não são pressões para se conseguir algo, não ocorrem completamente em função da greve da educação. As ocupações escolares foram um fim em si mesmo, cada qual como uma célula de poder popular de baixo para cima. Nesta forma de luta, os meios são já o fim do que acreditamos ser potencialmente revolucionário.

~

É quando se tenta tirar tudo de alguém que este alguém fica diante do que não lhe pode ser tirado ou destruído. Isso é o que sobrevive à própria morte. Situações limites nos mostram o que é indestrutível, isto é, algo que nos ultrapassa e pelo qual vale a pena morrer, pois alça nossa existência mortal ao valor semântico da imortalidade. A busca por algo assim é o que permite dar sentido à vida.

Em toda a tradição ocidental, desde Platão, procura-se situar este modo de compreender a condição humana enquanto ser mortal, finito, na separação entre teoria e prática, colocando-se o modo próprio de alcançar o valor semântico aludido em algo com o caráter teórico. A teoria aproximaria o ser humano de Deus, ou melhor, seria o divino no humano. Isso retira muito (como ressaltou em sua obra Hannah Arendt) da dimensão ontológica da política para o ser humano. Ora, quando se coloca o modo humano de se eternizar como estritamente teórico, se exila o ser humano — este ser no qual toda prática é política, já que ele age socialmente, entre outros seres humanos, e, portanto, age sempre com o valor geral, em princípio, que se espera encontrar na teoria — justamente do aspecto político da sua ação. Assim, exila-se o ser humano de algo muito fundamental para ele, o fato de que sua prática é sempre teórica. A separação da teoria e da prática desempenha um exílio na condição humana. Mas ela é fundamental quando se quer exilar tantos do seu direito à participação política. Este exílio é fundamental para legitimar o sistema no qual vivemos, no qual alguns são colocados como vanguarda intelectual, representantes passíveis de ter poder de decisão e compreender a realidade, e outros são tomados como não pensantes.

Mas é preciso dizer mais do que isso, é preciso perguntar ainda o que é uma revolução. E revolução é o que transforma o impossível em possível. Não podemos esquecer que toda mudança em uma forma de vida é uma mudança também na linguagem, em suas normas, em seus fundamentos. E como na linguagem se pode mudar aquilo que é normativo desconsiderando sua relação com o concreto? Como se muda o necessário? Somente incidindo diretamente nesta relação entre o abstrato e o concreto. Só através do diálogo entre concreto e abstrato, ou, dito de outro modo, só com um significado que é tomado como concreto é que o concreto pode ganhar novo significado, e é preciso que isso seja dado como um alargamento de possibilidades. Trata-se, portanto, de uma transformação na semântica. É preciso que algo que tinha um valor de necessidade seja tomado como apenas uma possibilidade, na medida em que algo inconcebível se torna real: esta não é uma modificação cotidiana, ordinária, mas uma modificação nos limites do mundo. Não se trata de mudar uma imagem, trata-se de mudar o arranjo entre o que é pano de fundo e o que é figura neste pano de fundo. Uma vez realizada tal transformação, também deixa de haver caminhos para o que existia antes. Portanto, não há um caminho dado no mundo tal como está que nos possa levar à revolução, a mudança que queremos é uma mudança nos próprios critérios de significação, é um alargamento dos limites do que é um fato, é uma modificação no que se toma como necessário. Também por isso a possibilidade da revolução não pode ser vislumbrada de dentro da nossa sociedade tal como ela se encontra hoje, somente em alguns momentos, como quando ela se revira em um levante popular e vemos o que antes parecia impossível acenar no horizonte. Por isso, alguns são capazes de olhar o mundo de outro modo, de mudar o seu arranjo estrutural. E esta mudança no modo de ver não é uma idealidade, mas é antes de tudo uma prática.

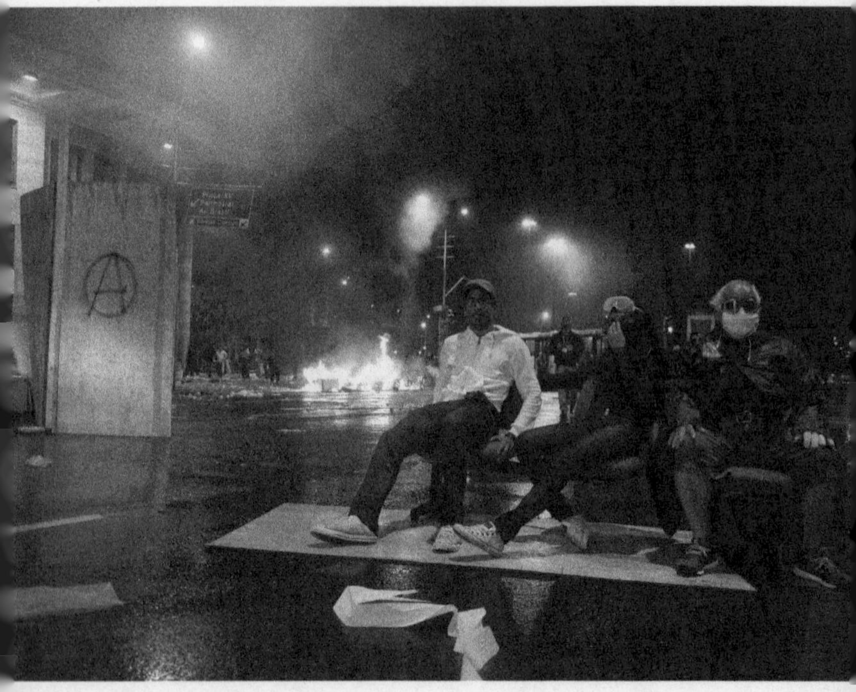

Crise e guerra permanentes

Uma das maneiras de compreender a Modernidade é através da noção de crise, estabelecida como *modus operandi* da sociedade. Longe de uma ruptura com este modo de vida, o significado da crise é o próprio coração do homem moderno, uma sociedade que coloca seus próprios fundamentos em questão e cujo aprofundamento das suas contradições não pode senão ser visto como um maior enraizamento de um certo projeto de mundo que se alimenta das suas crises sucessivas e, em grande medida, programadas. No *Dicionário de filosofia* de Nicola Abbagnano encontramos:

Para St. Simon, assim como para Comte e muitos positivistas, toda a época moderna é de crise, no sentido de não ter ainda atingido sua organização definitiva em torno de um princípio único, que deveria ser dado pela ciência moderna, mas, inevitavelmente, encaminha-se para a realização dessa organização. Esse diagnóstico depois foi compartilhado por todos os filósofos e políticos que se portaram como profetas de nosso tempo. Tanto os que acham que a nova e indefectível era orgânica será o comunismo quanto os que acham que essa época será caracterizada pelo misticismo estão de acordo em diagnosticar a crise da época presente e em indicar sua falta de organicidade, ou seja, de uniformidade nos valores e nos modos de vida[1].

---

1. ABBAGNANO, Nicola. *Dicionário de filosofia*. Trad. Alfredo Bosi. São Paulo: Martins Fontes, 2000, p. 222.

Se é correto dizer isso da Modernidade como um todo, o que dizer do momento histórico no qual nos encontramos? Vivemos no Brasil a transição de um projeto político de conciliação de classes, com um verniz espetacular nacional-desenvolvimentista e social-democrata, que pelo menos na propaganda, apesar de neoliberal, parecia pretender amenizar os efeitos das desigualdades através de programas sociais, para um projeto político explicitamente neoliberal de Estado mínimo, no qual a propaganda é de que a necessidade de um suposto equilíbrio das contas públicas deve necessariamente se traduzir em cortes de direitos básicos e a adoção de pacotes econômicos de austeridade.

Ao lado disso, o efeito colateral acarretado com a transição forçada pelas elites econômicas de um modelo para o outro foi a clarificação do papel secundário da administração política do Estado em relação aos interesses econômicos desta elite, deixando evidente ainda como a máquina pública funciona e gerando o aumento da rejeição da política partidária por parte da população. Se, para forçar a transição de um modelo a outro, foi necessário deixar evidentes os esquemas de corrupção, tal evidência não se aplica apenas a um modelo ou outro, mas incide diretamente sobre as instituições como um todo.

Com o acirramento das tensões e desigualdades sociais lado a lado com a crescente recusa e descrença nas vias institucionais democráticas, não podemos deixar de presenciar também o aumento de elementos conservadores e, com isso, o surgimento de uma nova e raivosa direita, que de nova não tem tanto assim, já que requenta nada mais nada menos do que elementos fascistas. Sobre isso, Eric Alliez e Maurizio Lazzarato afirmam:

Do lado do poder, o neoliberalismo, para melhor acender o fogo das suas políticas econômicas predatórias, introduziu uma pós-democracia autoritária e policial gerida por técnicos do mercado, enquanto a nova direita "desdiabolizada" declara guerra ao estrangeiro, ao imigrante, ao muçulmano. É esta nova direita que se instala abertamente no terreno da guerra civil e que relança uma guerra racial de classe[2].

O discurso que mais uma vez acompanha estes acontecimentos, e que em grande medida justifica a adoção das aludidas medidas impopulares é o da crise, crise econômica, crise das instituições, crise da representação. Paralelamente, e complementarmente, vemos o aumento do Estado policial, o controle do território nas favelas e periferias, o genocídio dos matáveis, a gestão dos que podem viver e a exclusão dos que devem morrer. Afirmou Foucault sobre o racismo de Estado:

Vocês compreendem, em consequência, a importância do racismo no exercício do poder assim: é a condição para que se possa exercer o direito de matar. Se o poder de normalização quer exercer o velho direito soberano de matar, ele tem que passar pelo racismo. E se, inversamente, um poder de soberania, ou seja, um poder que tem direito de vida e de morte, quer funcionar com instrumentos, mecanismos e com tecnologias da normalização, ele também tem de passar pelo racismo. É claro, por tirar a vida não entendo simplesmente o assassínio direto, mas também o indireto: o fato de expor à morte, de multiplicar o risco de morte, a morte política, a exclusão, a rejeição[3].

A situação não é nova. Nem se trata de fenômeno fundamentalmente brasileiro, mais uma vez o Brasil parece herdar tardiamente os ares da Europa. O cenário é similar ao vivido na Grécia desde 2008, uma crise do sistema financeiro que levou ao arrocho fiscal e adoção do pacote de medidas neoliberais. E em grande medida é o mesmo discurso que justifica ainda as reformas na França:

---

2. ALLIEZ, Eric; LAZZARATO, Maurizio. *Guerres et capital*. Paris: Ed. Amsterdam, 2016.
3. FOUCAULT, Michel. *Em defesa da sociedade: curso no Collége de France (1975-1976)*. Trad. Maria Ermantina Galvão. São Paulo: Martins Fontes, 1999, p. 306.

reforma trabalhista, reforma da previdência, medidas crescentes para a exclusão dos imigrantes, controle do território nas periferias etc.

A principal posição que eu gostaria de defender aqui é aquela segundo a qual a crise hoje, a crise na contemporaneidade, não é um acidente superável, mas uma fatalidade programada. Não se trata de uma crise do capitalismo, um momento de oportunidade para seu aperfeiçoamento; nem da crise como prevista por uma certa leitura do determinismo histórico, isto é, a crise que anunciaria, finalmente, o fim do capitalismo e, com isso, a revolução e o início de um novo tempo. A reflexão que eu gostaria de trazer é um pouco mais desesperada e mais pessimista, mas eu espero que possamos tirar da constatação do absurdo algo para transvalorá-lo, sem escondê-lo, como nos propôs Albert Camus.

A absurdidade essencial dessa catástrofe não muda nada do que ela é. Ela generaliza a absurdidade um pouco mais essencial da vida. Ela a torna mais imediata e mais pertinente. Se esta guerra pode ter um efeito sobre o homem, é o de fortificá-lo na ideia que ele faz de sua existência e no julgamento que tem sobre ela. A partir do instante em que esta guerra é, todo julgamento que não pode integrá-la é falso. Um homem que reflete passa geralmente seu tempo a adaptar a ideia que formou das coisas aos novos fatos que a desmentem. É nessa inclinação, nessa deformação do pensamento, nessa correção consciente, que reside a verdade, ou seja, o ensinamento de uma vida. É porque mesmo sendo esta guerra tão ignóbil, não é permitido estar fora dela. Para mim, que posso arriscar minha vida apostando em uma morte sem um medo sequer. E para todos aqueles, anônimos, e resignados, que vão para essa matança imperdoável — e pelos quais eu sinto toda a fraternidade[4].

---

4. CAMUS, Albert. *A Guerra começou, onde está a guerra?* Trad. Raphael Araújo e Samara Geske. São Paulo: Hedra, 2014, pp. 22-23.

De fato, a crise neste momento é, como tudo mais, um espetáculo[5] programado. E que estejamos vivendo em espetáculos programados é talvez o sentido verdadeiro da crise. Mas trata-se também de um espetáculo que serve como arma, como máquina de guerra e como justificativa para a guerra continuada na qual nos encontramos. Já em 1984, Guattari previa uma crise semiótica e, portanto, uma crise no paradigma representacional da modernidade, diretamente relacionada com uma crise dos modos de vida e subjetivações no capitalismo pós-Guerra Fria.

Dá para estimar que o essencial dessa crise mundial (que é, ao mesmo tempo, uma espécie de guerra social mundial) é a expressão da gigantesca ascensão de toda uma série de camadas marginalizadas, por toda a superfície do planeta. (...) Não se trata mais daquilo que se chamava tradicionalmente de "crises cíclicas do capitalismo". É uma crise de modos de relação entre, de um lado, os novos dados da produção, os novos dados de distribuição, as novas revoluções dos meios de comunicação de massa e, de outro lado, as estruturas sociais, que permaneceram totalmente cristalizadas, esclerosadas, em suas antigas formas. Os poderes de Estado são tanto mais reacionários quanto mais aguda é sua consciência de que estão sentados em cima de uma verdadeira panela de pressão que eles não conseguem mais controlar[6].

O que há de profético no texto de Guattari é compreender os modelos institucionais da social-democracia e do neoliberalismo enquanto fadados ao fracasso justamente por não reconhecerem o caráter semiótico-existencial envolvido na adoção da crise como modo de governo. Dito de outro modo, por não compreenderem

---

5. Entendemos "espetáculo" aqui no sentido cunhado por Guy Debord, isto é, como representação sem representado, ou seja, ruptura do paradigma representacional elevado a enésima potência. DEBORD, Guy. *Sociedade do espetáculo*. Rio de Janeiro: Contraponto, 2000.

6. GUATTARI, Félix. *Essa crise que não é só econômica*. Disponível em: <https://bit.ly/2yEtzOT>.

que a verdadeira crise envolvida na adoção da crise como espetáculo é uma crise da representação, o que tem um aspecto ontológico e um aspecto semântico, estando inserida no contexto de uma guerra social permanente e crescente.

Mas essa crise explodiu mesmo, incontestavelmente, a partir de 1974, e desde então a saída do túnel nos é anunciada a cada ano. No entanto, ao contrário, tudo leva a crer que se trata de um desafio, em escala internacional, e para todo um período da História. Crise que poderíamos chamar também de guerra — uma guerra mundial — com a diferença de que não está sendo uma guerra atômica (apesar de essa possibilidade não estar excluída), mas uma sucessão de guerras locais sempre em torno desse eixo Norte-Sul. E, por fim, o terceiro tipo de atitude [diante da crise]. Ao contrário das duas atitudes precedentes [do neoliberalismo e da social-democracia], nesse caso considera-se para valer as mutações subjetivas, tanto do ângulo de seu caráter específico, quanto de seu traço comum — trata-se de diferentes formas de resistência molecular, que atravessam as sociedades e os grupos sociais, contra as quais se choca essa tentativa de controle social em escala planetária[7].

O capitalismo não está em crise, como nós talvez gostaríamos de pensar, mas vivemos o triunfo do capitalismo de crises. As instituições não estão em crise, as instituições instituem as crises e se alimentam dela. São crises programadas, crises continuadas, crises para gerar governamentalidade. A noção de governamentalidade surge nos cursos de Foucault do início de 1978. Trata-se de analisar as diversas maneiras de estabelecer condições para controlar os outros e a si mesmo, um estudo das técnicas que permitiram, desde o século XVI, governar e ser governado. Neste momento, Foucault entende que há uma continuidade entre o governo moral de si, o governo econômico da família e o governo po-

---

7. Idem, Ibidem.

lítico do Estado, passando a defender, portanto, o Estado de modo imanente à micropolítica. Trata-se de gerir as populações através da economia, nos discursos, e do controle policial, nas práticas:

Por "governamentalidade" entendo o conjunto constituído pelas instituições, procedimentos, análises e reflexões, os cálculos e as táticas que permitem exercer essa forma bem específica, ainda que complexa, de poder que tem por alvo principal a população, por forma maior de saber a economia política e por instrumento técnico essencial os dispositivos de segurança. Segundo, por "governamentalidade" entendo a tendência, a linha de força que, em todo o Ocidente, não cessou de conduzir, e desde muito tempo, à preeminência desse tipo de poder que podemos chamar de "governo" sobre todos os outros: soberania, disciplina, e que, por uma parte, levou ao desenvolvimento de toda uma série de aparelhos específicos de governo [e, de outra parte], ao desenvolvimento de toda uma série de saberes[8].

Mas o que esta noção de *governamentalidade* introduzida por Foucault tem com a crise aludida e a guerra continuada? Ora, a crise anunciada é uma tática para a manutenção do Estado, para que este nos pareça necessário, para que implemente suas medidas como que desejadas pela população, para que se busque organicidade, para que se procure "univocidade nos valores e modos de vida". O que no âmbito dos saberes aparece como discurso econômico, mas que se introduz ainda mais fortemente como Estado Policial, a política de segurança requerida numa guerra de todos contra todos, o mal necessário diante do temor pelo aumento da tensão social.

---

8. FOUCAULT, Michel. *Sécurité, territoire, population: cours au Collège de France. 1977-1978.* Paris: Gallimard/Seuil, pp. 111-112.

A cada momento, são as táticas de governo que permitem definir o que é da competência do Estado e o que permanece fora dela, o que é público e o que é privado, o que é estático e o que é não-estático. Assim [...], só é possível compreender a sobrevivência e os limites do Estado levando em conta as táticas gerais da governamentalidade[9].

A crise se torna estratégia de governamentalidade na medida em que incide nas subjetividades, instaurando o desejo pelas medidas que se pretende adotar, então anunciadas como remédios para a crise tão temida. Gere-se, então, mais endividamentos na população e, com isso, gerações e gerações de escravos pacatos no porvir. A escassez e o medo da piora como modo de governo.

É fácil notar que sem o discurso da crise, não seria possível aprovar a reforma da previdência, nem privatizar a CEDAE, acabar com os direitos trabalhistas, reformar a educação, suspender direitos básicos, fechar a UERJ, cortar os salários dos funcionários públicos... Mas é preciso notar também que esse contexto, não nos sendo particular, é um projeto internacional. As mesmas medidas foram e estão sendo adotadas em vários lugares do mundo. Tomemos os comentários do Comitê Invisível sobre a recente situação grega:

"Onde e quando" é uma questão de oportunidade ou de necessidade tática. É de conhecimento público que, em 2010, o recém-nomeado diretor do Instituto Grego de Estatísticas (Elsat) falsificou continuamente as contas da dívida do país, tornando-as mais graves e dando, assim, justificativas para a intervenção da Troika. *É fato, portanto, que a crise das dívidas soberanas foi iniciada por um homem que, à época, ainda era uma agente remunerado oficial do FMI, instituição que supostamente iria ajudar os paí-*

---

9. *Idem, Ibidem.*

ses a saírem da dívida. Tratava-se ali de experimentar, em escala real, num país europeu, o projeto neoliberal de reformulação completa de uma sociedade, os efeitos de uma boa política de "ajustamento estrutural"[10].

A crise toma o papel de um inimigo interno temido contra o qual devemos nos unir e, juntamente com a violência urbana, cria o cidadão temeroso que aceita e deseja o governo como um mal necessário, mantendo pacatas as populações. Assim, a crise é permanente, e sem fim. Ela não é, portanto, fundamentalmente econômica, o fim dos mercados dos liberais, como alguns têm defendido. Ela é antes de tudo uma escolha de governo pautada no controle populacional que serve como modalidade discursiva na produção de saberes.

Quando se corta pela metade o vencimento dos funcionários públicos gregos, isso é feito sob o argumento de que seria possível nunca mais lhes pagar. A cada vez que se aumenta o tempo de contribuição dos assalariados franceses para a seguridade social, isso é feito sob pretexto de "salvar o sistema de aposentadorias". A crise presente, permanente e omnilateral, já não é a crise clássica, o momento decisivo, pelo contrário, ela é um final sem fim, apocalipse sustentável, suspensão indefinida, diferimento eficaz de afundamento coletivo e, por tudo isso, Estado de exceção permanente[11].

Não se trata de um desgoverno, o que se espera de fato é a implicação da crise em mais governo, como modo de manter o controle da sociedade. Mas não que não se tenha que produzir inimigos, é fundamental culpar alguém pela crise e também aqui a culpa será sempre do "outro", do já excluído, do imigrante, do desempregado... Assim a crise instaura uma guerra de todos contra

---

10. COMITÊ INVISÍVEL. *Aos nossos amigos: crise e insurreição*. Trad. Edições Antipáticas. São Paulo: N-1 edições, 2016, p. 24.

11. *Idem*, p. 28.

todos, guerra civil em todas as instâncias da sociedade, ódio generalizado aos possíveis culpados. É a crise fabricada como tática para gerar governamentalidade e a crise planejada como arma em uma guerra continuada e não declarada.

Talvez Foucault tenha sido quem melhor analisou na contemporaneidade o esquema contratualista de poder moderno surgido com as revoluções burguesas a partir do século XVIII. Se arrogando oposto ao exercício de poder pela guerra, ainda que sendo ele mesmo uma tática de guerra, separaria usos legítimos de usos ilegítimos da violência apenas como modo estratégico de combate, para manter o exercício continuado da violência nas mãos de quem está vencendo a guerra. Nesse sentido, Foucault desmascara e inverte a famosa ideia de Clausewitz segundo a qual "a guerra seria política continuada por outros meios" — uma política degenerada — e a inverte, mostrando que "a política é que seria a guerra continuada por outros meios", uma parte do jogo de forças em uma guerra contínua de fundo.

Se o poder é mesmo, em si, emprego e manifestação de uma relação de força, em vez de analisá-lo em termos de cessão, contrato, alienação, em vez mesmo de analisá-lo em termos funcionais de recondução das relações de produção, não se deve analisá-lo antes e acima de tudo em termos de combate, de enfrentamento ou de guerra? Teríamos, pois, diante da primeira hipótese — que é: o mecanismo do poder é, fundamental e essencialmente, a repressão —, uma segunda hipótese que seria: o poder é a guerra, é a guerra continuada por outros meios. E, neste momento, inverteríamos a proposição de Clausewitz e diríamos que a política é a guerra continuada por outros meios. O que significaria três coisas. Primeiro isto: que as relações de poder, tais como funcionam numa sociedade como a nossa, têm essencialmente como ponto de ancoragem uma certa relação de força estabelecida em dado momento, historicamente precisável, na guerra e pela guerra. E, se é verdade, que o poder político para a guerra, faz reinar ou tenta fazer reinar uma paz na sociedade civil não é de modo algum para suspender os efeitos da guerra ou para neutralizar o desequilíbrio que se manifestou no final da batalha. O poder político, nessa hipótese, teria como função reinserir perpetuamente essa relação de forças, mediante uma espécie de guerra silenciosa e de reinseri-la nas instituições, nas desigualdades econômicas, na linguagem, até nos corpos de uns e de outros. Seria, pois, o primeiro sentido a dar a esta inversão do aforismo de Clasewitz (...). E a inversão dessa proposição significaria outra coisa, também, a saber: no interior dessa "paz civil", as lutas políticas, os enfrentamentos a propósito do poder, com o poder, pelo poder, as modificações nas relações de poder (...) deveriam ser interpretadas como as continuações da guerra"[12].

Recentemente Eric Alliez e Maurizio Lazzaratto retomaram esta noção de guerra permanente para analisar o momento presente. O livro *Guerres et capital* (Guerra e capital), recém-publicado na França e sem tradução no Brasil, defende que vivemos uma guerra econômica e política constante, de intensidade variável, e que, mesmo quando não é evidentemente sangrenta, incide diretamente sobre as populações. Os autores pensam a economia como prolongamento da guerra e defendem que a política das múltiplas guerras é a única forma de gerar governamentalidade hoje.

Nós vivemos no tempo da subjetivação das guerras civis. Não saímos do período do triunfo do mercado, dos automatismos da governamentalidade e da despolitização da economia da dívida para reencontrar a época das concepções de mundo e seus afrontamentos, mas para entrar na era da construção das novas máquinas de guerra. (...) "é como uma guerra" — entendemos em Atenas durante o final de semana do 11 e 12 de julho de 2015. Com a razão. A população foi confrontada com uma estratégia em grande escala de continuação da guerra pelos meios da dívida: esta guerra concluiu a destruição da Grécia e, de um mesmo golpe, disparou

---

12. FOUCAULT, Michel, 1999, p. 23.

a autodestruição da União Europeia. (...) O anúncio "é como uma guerra" é uma metáfora que é preciso retificar: é uma guerra. A reversibilidade da guerra e da economia está no fundamento mesmo do capitalismo: a economia persegue os objetivos da guerra por outros meios (o bloqueio do crédito, o embargo das matérias-primas, a degradação da moeda estrangeira)[13].

Complementarmente, uma das maiores armas da fase atual do capitalismo é esconder a guerra, ocultá-la para que se possa continuar com o monopólio da ofensiva. Em conflagrações declaradas existem leis de guerra e aqueles que são atacados têm direito à autodefesa. Já a guerra não declarada é parcial: para os atacados (as populações) estamos no Estado Democrático de Direito, a lei vale, e qualquer ação de resistência será julgada criminosa; porém para os que atacam (o Estado) a lei é suspensa, e com isso mantém-se o monopólio do extermínio. É exatamente neste sentido que a própria lei não é mais do que uma arma ou uma estratégia que visa manter eterna a vitória conseguida por meio das batalhas, e não uma ruptura com a lógica do enfrentamento:

Contrariamente ao que diz a teoria filosófico-jurídica, o poder político não começa quando cessa a guerra (...) a lei não nasce da natureza, junto das fontes frequentadas pelos primeiros pastores, a lei nasce das batalhas reais, das vitórias, dos massacres, das conquistas que têm suas datas e seus heróis de horror, a lei nasce das cidades incendiadas, das terras devastadas, ela nasce com os famosos inocentes que agonizam no dia que está amanhecendo. (...) A lei não é pacificação, pois sob a lei, a guerra continua a fazer estragos no interior de todos os mecanismos de poder, mesmo os mais regulares[14].

---

13. ALLIEZ, Eric; LAZZARATO, Maurizio, 2016.
14. FOUCAULT, Michel, 1999, pp. 58-59.

Sendo assim, quanto mais nossa "política" puder esconder a guerra e naturalizá-la, mais ela continua mantendo o exercício continuado da violência nas mãos de quem está vencendo. Por isso, iniciar uma autodefesa passa pelo campo dos saberes, pela construção dos discursos, e por se evidenciar que estamos de fato em guerra.

A sociedade em sua estrutura política é organizada de maneira que alguns possam se defender contra os outros, ou defender sua dominação contra a revolta dos outros ou simplesmente ainda defender sua vitória e perenizá-la na sujeição[15]. Temos de redescobrir a guerra, por quê? Pois bem, porque essa guerra antiga é uma guerra permanente. Temos de fato de ser os eruditos das batalhas, porque a guerra não terminou, as batalhas decisivas ainda estão se preparando (...) Isto quer dizer que os inimigos que estão a nossa frente ainda continuam a ameaçar-nos, e não poderemos chegar ao termo da guerra por algo como uma reconciliação (...)[16].

Vivendo no Rio de Janeiro, onde pessoas são executadas diariamente nas favelas, onde os autos de resistência são largamente utilizados, onde as milícias dominam regiões inteiras ditando quem deve morrer e quem pode viver, não é difícil ver como isso opera. Nossa estatística de jovens negros mortos nas favelas é hoje maior do que em muitas áreas de conflito declarado, o esforço discursivo para manter essa guerra velada é sobretudo o esforço discursivo para mantê-la parcial. Não existe nenhum critério coerente estabelecido para o uso da violência considerado legítimo e ilegítimo senão o princípio básico de qualquer guerra: "para nossos aliados, tudo; para nossos inimigos, nada".

---

15. *Idem*, p. 26.
16. *Idem*, p. 60.

Como lidar então com esta crise que se apresenta como arma em uma guerra permanente e como resistir nesta guerra na qual a crise é expediente ao mesmo tempo bélico e discursivo? Os meios tradicionais de luta e a via institucional não são capazes de responder a esta questão. E se a esquerda não souber respondê-la, restará como alternativa de ruptura apenas o advento crescente do fascismo espetacular com o qual agora lidamos. É neste sentido que a crise, como nos dizia já Guattari, é muito mais profunda do que pode dar conta a dicotomia neoliberalismo e social-democracia, pois coloca todo o nosso modo de vida em questão.

É justamente porque os movimentos de esquerda sindicais tradicionais viveram essa situação unicamente em termos de crise econômica, que o conjunto dos movimentos de resistência social ficaram totalmente desarmados. E, na ausência de respostas, foram as formações mais reacionárias que tomaram conta da situação[17].

A social-democracia é pensada por Guattari como uma forma de tentar controlar os movimentos sociais que se inserem nas novas subjetividades e resistências, mas que falha totalmente neste aspecto. De acordo com essa lógica, tem-se argumentado em vários lugares que a crise aludida é, portanto, fundamentalmente uma crise da representação, por sua elevação à enésima potência de representação sem representado. É uma crise da representação por domínio generalizado do espetáculo, representação da própria representação, e é apenas nesse sentido que a crise toma vida própria como manutenção do modo de vida que ao mesmo tempo coloca em questão, e é também apenas nesse sentido que podemos entender que ela se trata também de uma crise existencial.

---

17. GUATTARI, Félix. *Essa crise que não é só econômica.*

Esta catástrofe é, acima de tudo, existencial, afetiva, metafísica. Reside na incrível estranheza do homem ocidental em relação ao mundo, estranheza que exige, por exemplo, que ele se faça amo e possuidor da natureza — só se procura dominar aquilo que se teme. Não foi por acaso que ele colocou tantas telas entre si e o mundo. Ao se subtrair do existente, o homem ocidental criou essa extensão desolada, esse nada sombrio e hostil, mecânico, absurdo que ele tem que transformar incessantemente por meio de seu trabalho (...). A mentira de todo e qualquer apocalíptico ocidental consiste em projetar sobre o mundo o luto que nós não lhe podemos fazer. Não foi o mundo que se perdeu, fomos nós que perdemos o mundo e o perdemos sem parar; não é ele que em breve vai acabar, somos nós que estamos acabados, amputados, cortados, nós que recusamos alucinadamente o contato vital com o real. A crise não é econômica, ecológica ou política, a crise é antes de tudo crise da *presença*[18].

Tal como os autores de *Crise e insurreição* analisam, nosso modo de vida consiste numa fuga perpétua para o mundo virtual, para o mundo das imagens e das representações que se tornaram mais reais do que a própria realidade, isto é, são representações espetaculares e que, portanto, não funcionam. Este virtual não mais corresponde ao real, mas se torna mais importante do que ele e opera no vazio. A impressão de se poder estar em todos os locais ao mesmo tempo foge à condição espaço-temporalmente situada do humano concreto, e nos deixa, assim, sem mundo. É nesse sentido que a crise existencial é também a crise da representação.

As respostas à altura da conjuntura, que rompem com as velhas dicotomias requentadas apenas no nível espetacular, são sempre mais ou menos insurrecionárias, no sentido em que são imprevisíveis. Um bom exemplo disso foi 2013, um outro bom exemplo foram as ocupações das escolas por parte dos secundaristas. Estas

---

18. COMITÊ INVISÍVEL, 2016, p. 35.

alternativas foram bem sucedidas porque funcionaram como táticas de guerra que pegam o inimigo desprevenido, muito mais do que como programa político estruturado. Afinal, ainda em Foucault: "a inversão do aforisma de Clausewitz nos diz ainda uma terceira coisa: a decisão final só pode vir da guerra"[19]. Ou entendemos de uma vez por todas que estamos em uma guerra e que nossas ações funcionam como parte de enfrentamentos permanentes no jogo de forças, inclusive nossas práticas discursivas, ou continuaremos a perder a guerra.

As experiências que romperiam com a falência existencial na qual nos encontramos seriam aquelas capazes de romper também com o primado da representação e da compreensão dualista de realidade que a acompanha.

Há nas insurreições contemporâneas algo que desconcerta de modo particular: elas não partem mais de ideologias políticas, mas de verdades éticas. Aqui estão duas palavras cuja aproximação soa como um oximoro a qualquer espírito moderno. Estabelecer o que é verdadeiro é o papel da ciência, não é mesmo? A ciência, esta que não tem nada a ver com as normas morais e com outros valores contingentes. Para os modernos, há o Mundo de um lado, eles de outro, e a linguagem para superar o abismo. Uma verdade, conforme nos ensinaram, é um ponto sólido sobre o abismo — um enunciado que descreve de maneira adequada o Mundo. Convenientemente esquecemos a longa aprendizagem ao longo da qual adquirimos, com a linguagem, uma relação direta com o mundo. A linguagem, longe de servir primariamente para descrever o mundo, ajuda-nos sobretudo a construir um. As verdades éticas não são, assim, verdades sobre o Mundo, mas as verdades a partir das quais neles permanecemos. São verdades, afirmações, enunciadas ou silenciosas que se experimentam, mas não se demonstram. (...) São verdades que nos ligam, a nós mesmos, ao

---

19. FOUCAULT, Michel, 1999, p. 23.

que nos rodeia e uns aos outros. Elas nos introduzem de imediato numa vida comum, a uma experiência não separada, sem consideração pelos muros ilusórios do nosso Eu[20].

Trata-se agora de nos voltarmos para as experiências insurrecionárias e vermos o que podemos aprender com elas através da noção de *acontecimento*, isto é, de uma verdade que não se insere mais no âmbito da correspondência, mas da ação e que é capaz de instaurar deste modo novas potências reestabelecendo nossa *ligação interna* com o real concreto que a contemporaneidade espetacular havia nos feito esquecer.

---

20. COMITÊ INVISÍVEL, 2016, pp. 54-55.

Arte e política

Inicialmente, pode parecer que a chamada "bela arte" e a política são âmbitos extremamente diversos, já que a primeira tradicionalmente é pensada como uma atividade desinteressada, com um fim nela mesma[1], enquanto a política é por definição uma atividade interessada, sendo um meio para a gestão da vida pública[2].

Por outro lado, são muitas — ainda que controversas — as relações estabelecidas entre arte e política ao longo da história, desde a chamada "arte engajada", isto é, explícita e voluntariamente à serviço da uma ideologia (entendendo também que todo discurso é ideológico e que, portanto, não poderia deixar de ser desta forma), até a ação política pensada ela mesma como inserida ou pertencendo a um movimento artístico.

Mas eu não gostaria de propor aqui fazer política com arte, e sim de apontar uma relação interna, de pensar um pouco nossa *vida como obra de arte*, assim como quais relações esta noção tem com a nossa resistência atual[3].

---

1. "Num juízo de que algo é belo, o sujeito não está fascinado pelo objeto nem instruído por sua perfeição; a relação de um tal juízo envolve a forma de finalidade num objeto nele mesmo à parte a representação de um fim". KANT, Immanuel. *Crítica da faculdade do juízo*. Trad. Valério Rohden e Antônio Marques. Rio de Janeiro: Forense Universitária, 2008, § 17.
2. "A ciência a qual cabe indagar qual deve ser a melhor constituição da Polis". ARISTÓTELES. *A política*. São Paulo: Atena Editora, sd.
3. "Temos a nossa dignidade suprema em nossa significação como obra de arte". NIETZSCHE, Friedrich. *O nascimento da tragédia* (1872). Trad. J. Guinsburg. São Paulo: Companhia das Letras, 1992, p. 52.

Para tanto, me parece necessário pensar a arte não como uma labuta distinta, separada das nossas demais ações cotidianas, pois apenas dessa maneira é possível reencontrar uma noção de política que é também um fim em si e não apenas um caminho para algo prefigurado. Nesse sentido eu gostaria de retomar a seguinte afirmação do filósofo Michel Foucault no período tardio de seu pensamento:

o que me surpreende é que em nossa sociedade a arte esteja relacionada apenas aos objetos e nunca aos indivíduos e à vida; e, também, que a arte esteja em um domínio especializado, o dos experts que são artistas. Mas a vida de todo indivíduo não é uma obra de arte? Por que uma mesa ou uma casa são objetos de arte, mas não as nossas vidas?[4]

A tarefa de compreender a vida como obra de arte corresponde a um "horizonte ético de ação", ou, como Foucault denominava, um *êthos filosófico*, que se institui como a uma luta perpétua contra os poderes hegemônicos. Tratam-se de ações capazes de mudar os limites do possível, ações concretas que modificam o que tomamos como abstrato, portanto necessário. Este singular que encarna o geral institui com isso uma verdade, que não é a verdade da teoria confirmada, mas a verdade *vivida*.

É preciso considerar a ontologia crítica de nós mesmos não certamente como uma teoria, um doutrina, nem mesmo como um corpo permanente de saber que se acumula; é preciso concebê-la como uma atitude, um êthos, uma via filosófica em que a crítica do que somos é simultaneamente análise histórica dos limites que nos são colocados e prova de sua ultrapassagem possível[5].

---

4. FOUCAULT, M. *Dits et écrits*. Paris: Gallimard, 4 vols, 1994, p. 617.
5. FOUCAULT, Michel. *Ditos e escritos II: arqueologia das ciências e história dos sistemas de pensamento*. Rio de Janeiro: Editora Forense Universitária, 2005, p. 351.

Esta verdade estética sempre foi a noção de verdade que Nietzsche identificou na arte, a verdade que não é do âmbito da correspondência, que não é uma representação, mas que pode ultrapassá-la e até mesmo destituí-la. A verdade da arte é justamente a que rompe com o conceito ocidental de verdade. Este modelo cognitivo e ontológico ideológico é o fundamento das sociedades modernas e funda-se na separação rígida entre um âmbito da realidade tomado como abstrato e um tomado como concreto. Esta separação, que apareceu em Descartes com a divisão entre uma substância pensante e uma substância material, tem como premissa básica, no âmbito do conhecimento, a posição pela qual conhecer, significar, organizar a multiplicidade empírica é, antes de tudo, representar. Estabelecer conhecimentos é estabelecer poder, e, neste paradigma, também o exercício do poder é visto como um correspondente abstrato da realidade concreta.

Assim, a verdade se diz não de um acontecimento, mas de um representante, e este não pode colapsar jamais com aquilo que pretende representar. Ele é um meio, não um fim em si, embora seja dito verdadeiro precisamente por corresponder a ele. Esta separação rígida tem obviamente um limite, que aponta para a necessidade de diálogo fulcral entre abstrato e concreto. Uma das expressões deste limite aparece tradicionalmente na arte, constituindo aquilo que se entende como verdade estética, por oposição a uma verdade cotidiana, representacional ou científica. Mas não é apenas na arte que encontramos este limite. Se ele não existisse, inclusive, nenhuma mudança estrutural seria possível. O próprio paradigma da representação funda-se em uma verdade vivida, que não é do âmbito da representação, mas da apresentação, e da ação direta. É essa política, da *ação direta*, que rompe com a representação enquanto *ação indireta*, e que portanto se aproxima da arte ou do que podemos chamar aqui de uma vivência estética. Sobre isso, é particularmente claro o que nos diz a literatura insurrecionalista do *Comitê Invisível*:

Nenhuma ordem social pode se basear de modo duradouro no princípio de que nada é verdadeiro. É preciso também sustentá-la. A aplicação a tudo do conceito de "segurança" nos tempos que correm exprime este projeto de integrar nos próprios seres, nos comportamentos e nos locais, a ordem ideal a qual estes já não estão dispostos a sujeitar-se. "Nada é verdade" não diz nada acerca do mundo, mas tudo acerca do conceito ocidental de verdade. A verdade aqui não é entendida como um atributo dos seres ou das coisas, mas da sua representação. É tida como verdadeira a representação conforme a experiência. A ciência é, em última instância, o império da verificação universal. Ora, todos os comportamentos humanos, dos mais vulgares aos mais eruditos, se baseiam numa base de evidências formuladas de forma desigual, sendo que todas as práticas partem de um ponto onde as coisas e as suas representações estão indistintamente colapsadas, e em todas as vidas entra uma dose de verdade que ignora o conceito ocidental de representação. Daí que os ocidentais sejam universalmente tidos, pelos que colonizaram, como mentirosos e hipócritas. É por isso que pode até ser cobiçado o que eles têm — o avanço tecnológico — mas nunca o que eles são, que se vê justamente desprezado. Não se poderia ensinar Sade, Nietzsche e Artaud nas Universidades, se essa noção de verdade que ultrapassa a mera representação não tivesse sido antecipadamente desqualificada. Conter ao infinito todas as afirmações, mas sempre como letra morta, desativar passo a passo todas as certezas vividas, este é o longo trabalho da inteligência ocidental. Assim, polícia e filosofia podem tornar-se meios convergentes, ainda que formalmente distintos[6].

Neste sentido, a verdade estética é a verdade como ato, como acontecimento, que instaura uma nova relação com a realidade e um novo horizonte de possibilidades. Porque a verdade na arte

---

6. COMITÊ INVISÍVEL. *A insurreição que vem*, 2010, p. 101-102.

não é a verdade da representação, não é a verdade da ciência, é a verdade do colapso entre meio e mensagem, entre o que se usa pra dizer e aquilo que se diz. Toda transformação fundamental em uma forma de vida alarga os limites do possível e, portanto, é uma mudança também na linguagem, em suas normas, em seus fundamentos. E como se muda o necessário? Somente incidindo diretamente nesta relação entre o abstrato e o concreto. Dito de outro modo, só com um significado que é tomado como concreto é que o concreto pode ganhar novos significados. Aqui talvez encontremos o cerne do que vem a ser a criação artística e, ao mesmo tempo, as ações de resistência política. É preciso que isso seja dado como um alargamento de possibilidades. É preciso que algo que tinha um valor de necessidade seja tomado como apenas uma contingência. Na medida em que algo inconcebível se torna real, esta não é uma modificação cotidiana, ordinária, mas uma que, poderíamos dizer, alarga os limites do nosso mundo. Não se trata assim de mudar uma imagem, de fazer uma reforma, de eleger um deputado, mas sim de mudar o arranjo entre o que é pano de fundo e o que é figura neste pano de fundo. Uma vez realizada tal transformação, também deixa de haver caminhos para o que existia antes. Portanto, não há um caminho dado no mundo tal como está que nos possa levar a uma revolução, a mudança que queremos é uma mudança nos próprios critérios de significação, é um alargamento dos limites do que é um fato, é uma modificação no que se toma como necessário. Também por isso a possibilidade da revolução não pode ser vislumbrada de dentro da nossa sociedade tal como ela se encontra hoje, somente em alguns momentos, momentos artísticos, momentos insurrecionais, quando a sociedade se revira em um levante popular e vemos o que antes parecia impossível acenar no horizonte. Por isso, a partir disso, alguns são capazes de olhar o mundo de outro modo, de mudar o seu arranjo estrutural. E esta mudança no modo de ver não é uma idealidade, mas é antes de tudo uma prática revolucionária, uma verdade como *acontecimento*.

Um encontro, uma descoberta nova, um vasto movimento de greve, um tremor de terra: todo acontecimento produz uma verdade, ao alterar a nossa maneira de estar no mundo. Inversamente, uma constatação a qual ficamos indiferentes, que não nos modifica, que não nos compromete, ainda não merece o nome de verdade. Existe em cada gesto, em cada prática, em cada relação, em cada situação, uma verdade subjacente que não é do âmbito da representação e não poderia ser porque é constitutiva daquilo que somos. (...) Uma verdade não é uma visão de mundo particular, mas o que nos mantém ligados ao mundo de forma irredutível. Uma verdade não é algo que se detenha, mas algo que nos move. Ela faz-me e desfaz-me, constitui-me e destitui-me, afasta-me de muita coisa e torna--me parecido com aqueles que a experimentam. O ser isolado que a ela se agarra encontra fatalmente alguns de seus semelhantes. Na realidade, todo processo insurrecional parte duma verdade a qual não se cede[7].

Ora, essa é a ação política insurrecional, a política como um fim em si e como tática de resistência. Podemos aqui pensar então no exemplo concreto das recentes ocupações estudantis. Elas reivindicavam algo, mas não eram apenas o meio para alcançar uma pauta, elas eram em si a ação que pleiteavam, a escola autogerida, a célula social horizontal. Esta é a política-arte, a política fim em si e como estética da existência.

Traduzir tais (im)possibilidades virtuais — que não são e não podem ser meras idealidades — em efetividades demanda ações diferenciadas, que são sempre ações políticas e podem ser concebidas como formas de resistência: "não há relação de poder sem resistência, sem escapatória ou fuga, sem inversão eventual; toda

---

7. *Idem*, p. 112.

a relação de poder implica, então, pelo menos de forma virtual, uma estratégia de luta"[8]. Mas é fundamental considerar que a resistência diz respeito antes de tudo a uma atitude afirmativa de um modo de existência. A resistência não quer simplesmente escapar ao controle, ou ser "contra" suas potências geradoras, mas quer pervertê-lo, alterá-lo, modificá-lo.

A resistência jamais é apenas e fundamentalmente contra algo, mas antes de tudo a favor das possibilidades de existência que afirma porque cria concretamente a chance de que surjam outros "modos de experimentar" a vida — o que parece se relacionar intimamente com a criação artística. A resistência cria valores e é ao mesmo tempo imanente às nossas possibilidades concretas. Segundo Deleuze, "o ato de resistência possui duas faces. Ele é humano e é também um ato de arte"[9].

Esta compreensão da própria dimensão política humana como portadora de uma dimensão estética é também expressa na noção de revolta sustentada por Camus, na medida em que esta se estabelece como uma recusa afirmativa, isto é, que não renuncia ao absurdo constatado, mas que o transvalora.

Que é um homem revoltado? Um homem que diz "não". Mas se ele recusa, não renuncia: é também um homem que diz sim, desde o seu primeiro movimento. Um escravo que recebe ordens durante toda a sua vida, julga subItamente inaceitável um novo comando. Qual o significado desse "não"? Significa por exemplo: "as coisas já duraram demais"; "até aí, sim, a partir daí, não"; "há um limite que você não vai ultrapassar". Em suma, este "não" afirma a existência de uma fronteira[10].

---

8. FOUCAULT, Michel. (1995) "O sujeito e o poder". In: DREYFUS, H. e RABINOW, P. (1995). *Michel Foucault: uma trajetória filosófica para além do estruturalismo e da hermenêutica*. Trad. V. P. Carrero. Rio de Janeiro: Forense Universitária, p. 249.

9. DELEUZE. "O ato de criação". Palestra proferida em Paris em 1987, transcrita e publicada em *Folha de São Paulo*, 27/06/1999, Caderno Mais!, p. 05.

10. CAMUS, Albert. *O homem revoltado*. Rio de Janeiro: Record, 1999, p. 03.

O modo mesmo como Camus lidava com o pensamento relaciona política e arte, já que o autor usava de seus contos para mostrar seus conceitos. Trata-se, portanto, de conciliar em sua obra o singular com o geral, de encarnar o universal. A apresentação de suas personagens aborda conceitos instanciados nas vivências concretas. Mas que fazer diante do absurdo? Se, por um lado, o sujeito não se mata diante do absurdo, é preciso recusá-lo por meio da revolta. Mas esta recusa é totalmente afirmativa, porquanto é uma recusa que não renuncia ao absurdo da existência. Revoltar-se significa ir contra tudo aquilo capaz de deteriorar, rebaixar, diminuir a condição humana: a miséria, a morte ou a vida medíocre. É o próprio ser humano que se afirma em sua negação, onde o sentimento de opressão se opõe a uma necessidade interior de não se deixar oprimir. Esta negação é a própria afirmação da existência e decorre do fato de todo o sentimento absurdo derivar de uma constatação da ausência de sentido da própria vida.

O sentimento de revolta funda-se tanto na negação de algo que se julga intolerável quanto em uma certeza, por mais que confusa, da existência de um direito efetivo. Isto é, na afirmação de um sentimento, em se dar sentido a existência. A revolta aparece, então, como um rebelar-se que não está ligado a um valor pré-existente no que diz respeito ao indivíduo revoltado. Porém, toda revolta é criadora de valores. O revoltado é aquele que contrapõe o que é aceitável ao que não é, e portanto a revolta é também o que cria horizontes possíveis. Se entendemos esta ação como a criação estética, entendemos também a relação interna entre arte e política em uma vida como obra de arte.

Adverte-se aos curiosos que se imprimiu este livro em nossas oficinas, em 13 de agosto de 2020, em tipologia Libertine, com diversos sofwares livres, entre eles, LuaLaTeX, git & ruby.
(v. a7c765a)